Carsten Otte

Marte und das Meer

Von pupsenden Fischen und schwimmenden Steinen

Carsten Otte

Marte und das Meer

Von pupsenden Fischen und schwimmenden Steinen

Illustriert von Christine Brand

orell füssli
KINDerbuch

Für Liv

Carsten Otte
Marte und das Meer
Von pupsenden Fischen und schwimmenden Steinen

Einbandbild und Innenillustrationen: Christine Brand
Lektorat: Silvia Bartholl
Layout und Herstellung: Andi Zollinger

© 2016 Orell Füssli Verlag AG, Orell Füssli Kinderbuch
Zurich, Switzerland
www.ofv.ch

Bibliografische Information der Deutschen Nationalbibliothek
Die Deutsche Nationalbibliothek verzeichnet diese Publikation in
der Deutschen Nationalbibliografie; detaillierte bibliografische
Daten sind im Internet abrufbar über http://dnb.de

Alle Rechte vorbehalten
Druck: Printed in Slovenia
ISBN 978-3-280-03512-2
2. Auflage 2016

MIX
Papier aus verantwor-
tungsvollen Quellen
FSC® C057358

Inhalt

Aus Silber wird Gold

Ein leichter Wind weht an diesem Morgen durch die Gassen der kleinen Hafenstadt. Und wer läuft gerade den Matrosenweg entlang? Es ist Marte, die Tochter des letzten Fischräuchermeisters der kleinen Stadt. Sie wird von ihrem Papa in den Kindergarten gebracht.

Marte hat blonde, dichte, lange Haare, die mit mehreren bunten Spangen zusammengehalten werden. Papa hat schon viele Haare verloren. Seine Glatze versteckt er meistens unter einer Kapitänsmütze, obwohl er nie zur See gefahren ist. Wenn Marte lacht, und das tut sie häufig, werden ihre Wangen zu runden Apfelbäckchen. Papas Gesicht hingegen ist so schmal wie die Fische, die er räuchert.

Vor drei Wochen hat Marte ihren fünften Geburtstag gefeiert. Marte meint, sie wäre jetzt alt genug, um allein in den Kindergarten zu gehen. »Ich kenne hier doch jeden Stein«, sagt sie. Aber Mama und Papa sehen das etwas anders. Morgens übernimmt Papa den Begleitdienst, und am Nachmittag holt Mama sie vom Kindergarten ab.

Es ist Sommer, und Marte trägt zu ihrer blauen Lieblingsbluse einen weißen Rock.

Blau ist Martes Lieblingsfarbe. Am liebsten würde sie ihre blaue Lieblingsbluse zusammen mit ihrem blauen Lieblingsrock anziehen. Aber das will Mama nicht.

Erwachsene haben wirklich komische Vorstellungen davon, was schön sein soll, denkt Marte. Zum Beispiel Papa. Der trägt ein grün-braun gestreiftes Hemd zu einer grauen Cordhose. Ist das etwa schön?

»Habt ihr heute Probe?«, fragt Papa. Marte nickt und summt ein Seemannslied, das sie im Kindergarten für einen Auftritt üben. Die Melodie kann sie schon fast auswendig, nur der Text ist etwas schwierig. Aber es ist ja auch ein englisches Seemannslied! Marte hört auf zu summen und beginnt, auf ihrem rechten Bein zu hüpfen. Einfach nur zum Kindergarten laufen, ist viel zu langweilig.

»Papa, was machst du heute?«, will Marte wissen.

»Ich werde Dorsch und Sprotten räuchern«, antwortet er mit seiner tiefen Stimme. Marte erinnert sich, wie Papa ihr erklärt hat, dass geräucherte Fische nicht so schnell schlecht werden und wie der Rauch die Farbe der Fischhaut verändert. Sie lächelt verschmitzt und sagt: »Das wird eine schöne Geschichte!«

Papa hat natürlich keine Ahnung, was sie sich gerade ausgedacht hat.

Der Kindergarten liegt direkt am Hafen. Bevor Marte in den Garderobenraum läuft, schaut sie noch einmal zu den Möwen, die über den Fischerbooten kreisen. Ob die kleinen Vögel jetzt auch in den Möwenkindergarten gehen?, fragt sie sich.

In diesem Moment erreicht der Kutter von Onkel Lars die Hafeneinfahrt.

»Da bin ich mal gespannt, welche Fische er mir heute liefert«, sagt Papa.

»Hoffentlich viele Sprotten«, sagt Marte und kichert.

Papa ruft: »Jetzt habe ich doch glatt das Anmeldeformular für den Ausflug ins Meeresmuseum vergessen!«

Aber Marte beruhigt ihn. »Das hat Mama schon abgegeben«, sagt sie. Schnell zieht sich Marte die Hausschuhe an, gibt Papa noch einen Kuss und läuft in den Raum der Seesterngruppe. Dort spielen schon ihre Freunde Lasse und Leni.

»Ruhe, Ruhe!«, ruft Frau Lorenzen, als alle Kinder da sind. Sie ist die Leiterin der Seesterngruppe, und Marte weiß genau, was jetzt kommt: der Stuhlkreis. Darauf hat sich Marte schon gefreut.

»Was habt ihr denn am Wochenende erlebt?«, fragt Frau Lorenzen, als alle Seestern-Kinder im Kreis sitzen.

Lasse erzählt vom Besuch der Oma. Leni war im Zoo. Sarah berichtet, dass ihre Eltern sich das ganze Wochenende gestritten haben. Und endlich ist Marte an der Reihe.

»Mein Papa hat mir gezeigt, wie er Silber in Gold ver-
wandelt«, beginnt sie, aber schon lachen ein paar Kinder.

»Das glaube ich nicht!«, sagt Ole, und auch Frau Lorenzen runzelt die Stirn.

Auf diesen Moment hat Marte gewartet. Sie stellt sich
auf den Stuhl und ruft in den Kreis: »Ja, aus Silber wird
Gold, und wenn ihr mal zuhören würdet, könnte ich euch
das auch erklären.« Doch die Kinder grinsen und johlen.

Auch Martes beste Freundin Leni ist verunsichert. »Stimmt das wirklich?«, fragt sie. Dann steht Frau Lorenzen auf, klatscht in die Hände, und es ist wieder Ruhe in der Seesterngruppe.

Jetzt darf Marte endlich ausreden. »Wisst ihr, was Sprotten sind?«, fragt sie mit lauter Stimme. Die meisten Kinder haben die kleinen Fische in den Auslagen der Fischgeschäfte oder auf dem Tisch der Eltern schon mal gesehen.

»Ja, das sind die Fische, die gar nicht schmecken«, sagt Ole.

»Wenn die Sprotten gefangen werden, sind sie noch silberfarben«, erklärt Marte und hebt den Zeigefinger. »Aber wenn mein Vater die Sprotten räuchert, dann wird ihre Haut golden.« Frau Lorenzen lächelt, und Lasse erinnert sich, dass die Sprotten, die sein Vater so gerne mag, tatsächlich goldfarben sind.

»Sprotten gibt es bei uns oft zum Abendessen«, sagt er. »Aber ich wusste nicht, dass die vor dem Räuchern ganz anders aussehen.«

»Ist die Haut aus echtem Gold?«, fragt Ole, und einen Moment lang überlegt Marte, was sie sagen soll.

»Nee, nee«, antwortet sie schließlich. »Das sieht nur so aus. Mein Vater nennt die Sprotten aber trotzdem Meergold.«

Obwohl es zum Mittagessen im Kindergarten Spaghetti mit Tomatensauce gibt, reden alle über die goldenen Sprotten. Es geht längst nicht mehr um die Farbe der Fischhaut, sondern darum, ob man die Sprotten mit Kopf, Schwanz und Gräten verzehrt.

»Gräten?«, kreischt Sarah. »Iiih! Die kann man doch nicht essen!«

Frau Lorenzen sagt, dass die Sprotten so weiche Gräten haben, dass man sie mitessen kann. »Kopp un Steert sünt nix weert!«, ruft Lasse. Das ist Plattdeutsch, und für alle Kinder, die diese Sprache nicht verstehen, übersetzt Frau Lorenzen: »Kopf und Schwanz sind nichts wert. Das heißt: Sie dürfen weggeworfen werden.« Marte lacht. Bei Lasse hörte sich das lustiger an.

Am Nachmittag macht die Seesterngruppe einen Ausflug zu Papas Fischgeschäft. Frau Lorenzen kauft eine Handvoll frisch geräucherter Sprotten.

Papa packt die Fische ein und zeigt den Kindern die Räucherei.

In einem kühlen Raum liegen frische Fische in großen Plastikboxen. Papa erklärt, wie die Fische heißen: Dorsch, Scholle, Seelachs und Rotbarsch.

»Schaut mal«, ruft Marte plötzlich. »Hier liegen die Sprotten!«

Sarah ist ganz fasziniert von den Silberfischchen, sie fragt: »Darf ich mal anfassen?« Sarah darf.

Nach der Führung durch die Räucherei gehen die Kinder zum Strand. Und dort gibt es ein Sprottenpicknick. Frau Lorenzen zeigt, wie man die goldenen Fischchen isst. »Man nimmt die Sprotte zwischen Daumen und Zeigefinger, drückt leicht gegen ihren Bauch und Rücken, und dann kann der Schwanz mit der Hauptgräte herausgezogen werden!«

»Das ist eklig!«, ruft Ole.

Marte schüttelt den Kopf. »Du hast doch noch gar nicht probiert«, sagt sie.

Auch Leni und Sarah zögern.

Lasse ist mutiger: »Mmh, superlecker!«

Und Marte? Sie steckt sich die nächste Sprotte natürlich mit Kopf, Schwanz und Gräte in den Mund! Was Ole sehr beeindruckt.

Jetzt will er doch noch eine Sprotte probieren. Alle schauen ihn an. Er verdreht die Augen und ruft schließlich: »Mmh. Lecker!«

Sprotte spricht

Ein feiner Nieselregen überzieht die kleine Hafenstadt. Niemand ist an diesem Morgen auf den Straßen. Wirklich niemand? Wer läuft denn gerade den Matrosenweg entlang? Ja, das ist Marte, die Tochter des letzten Fischräuchermeisters der Stadt! Sie trägt einen gelben Regenmantel und hüpft von Pfütze zu Pfütze.

»Wetten, dass ich zuerst im Kindergarten bin!«, ruft Marte. Ihr Vater kommt tatsächlich kaum hinterher.

»Du wirst ja ganz nass«, sagt er.

Und Marte erwidert: »Dafür ist der Regen doch da! Stell dir vor, ich würde die Pfützen auslassen. Dann denkt das Wasser vielleicht, dass ich krank bin.«

Papa lacht und erklärt, dass Regentropfen und Pfützen keine eigenen Gedanken haben.

Aber das will Marte nicht glauben. »Du hast gesagt, dass Fische sprechen können. So ist das auch mit dem Wasser. Hörst du nicht, was die Regentropfen erzählen?«

Bevor Marte den Kindergarten betritt, schaut sie in den Himmel und ruft den Regentropfen zu: »Tschüss, ihr kleinen, durchsichtigen Dinger!« Sie schüttelt sich, so dass einige Tropfen von ihrem Regenmantel auf dem Boden landen. »Hast du gehört, Papa? Das Wasser hat sich bedankt, dass es hier draußen bleiben darf und sich im trockenen Haus nicht in Luft auflösen muss!«

Marte ist schon auf dem Weg in die Seesterngruppe, als Papa ruft: »Viel Spaß im Meeresmuseum!«

Frau Lorenzen sagt: »Den werden wir haben. Dafür wird allein schon Ihre Tochter sorgen. Sie liebt ja alles, was mit dem Meer zu tun hat.«

Marte dreht sich noch einmal um und strahlt. Ja, da hat Frau Lorenzen recht!

Endlich beginnt der Stuhlkreis.

Diesmal darf Marte anfangen. Sie weiß auch, was sie erzählen wird. »Mein Wochenende war supertoll«, beginnt sie. »Ich habe mich zum ersten Mal mit Fischen unterhalten.« Die Kinder lachen ungläubig.

»Was hast du?«, fragt Leni erstaunt.

»Fische können doch nicht reden«, sagt Ole.

Frau Lorenzen klatscht in die Hände, und Marte kann ihre Geschichte zu Ende erzählen.

»Am Wochenende war Oma bei uns. Leider hat sie ihr Hörgerät daheim vergessen. Sie saß am Esstisch, ohne uns zu hören und ohne etwas zu sagen. Mama hat behauptet, Oma sei stumm wie ein Fisch. Aber Papa hat mir erklärt, dass Fische gar nicht stumm sind und sich sogar unterhalten können. Nur verstehen wir Menschen die Fischsprache nicht so gut.«

»Das glaube ich nicht!«, ruft Ole dazwischen.

»Worüber reden Fische denn?«, will Lasse wissen.

Marte überlegt eine Weile. Dann sagt sie: »Sie reden übers Essen, über ihre Freunde und über die Plätze, wo man am besten spielen kann.«

Ungläubig schauen die Kinder Marte an. Doch Lasse

springt ihr bei: »Ich habe schon mal Delfine im Zoo gesehen, die ganz komische Geräusche machen. Das hat sich fast so angehört, als würden die Delfine miteinander reden.«

Beim Mittagessen sprechen alle Kinder nur über die Sprache der Fische. Ole meint: »Zum Glück gibt es heute keine Fischstäbchen. Sonst müsste ich Angst haben, dass sie mit mir sprechen. Das wäre wirklich verrückt. Ich kann doch keine sprechenden Fischstäbchen essen!« Das Gelächter ist groß. Die Kinder löffeln die Gemüsesuppe aus, und Frau Lorenzen schlägt Ole vor, im Meeresmuseum mal nachzufragen, ob auch Fischstäbchen reden können.

Am Nachmittag steht der Ausflug ins Meeresmuseum auf dem Programm. Die Kinder gehen in Zweierreihen zum Bahnhof. Sarah friert. Sie trägt ein schönes, rotes Kleid mit weißen Punkten. Aber das dünne Kleid passt nicht zum kühlen Wetter. Sarah ist meistens mit den falschen Klamotten unterwegs. Frau Lorenzen will noch einmal mit ihrer Mutter sprechen.

»Das hilft doch eh nichts«, sagt Ole und kichert.

Schon bald fährt der Zug ein, der die Kinder und Frau Lorenzen in die Nachbarstadt bringt. Dort steht das große Meeresmuseum.

Auf der Bahnfahrt machen Ole und Lasse seltsame Quiekgeräusche. Als ein Fahrgast, der im selben Abteil sitzt, die beiden anspricht, sagen sie: »Wir sind Fische und sprechen eine Sprache, die nur wir verstehen.« Dann quieken sie wieder.

Auch Sarah quiekt. »Vielleicht wird mir ja dann warm«, sagt sie. Die anderen Kinder lachen.

Im Meeresmuseum, das aussieht wie ein großes Schiff, werden sie am Eingang von einer Frau mit braunen Haaren erwartet. Sie heißt Anne. »Ich studiere Meeresbiologie und werde euch heute durch das Museum führen«, sagt sie.

Marte hat sofort die schöne Seestern-Haarspange in Annes Haar entdeckt. So eine würde sie auch gerne haben. Aber jetzt geht es erst mal zu den Fischen!

»Gibt es etwas, das ihr unbedingt wissen wollt?«, fragt Anne. Und schon brüllen Lasse, Ole und auch die anderen Kinder durcheinander: »Können Fische wirklich reden?«

Anne lächelt. »So laut wie ihr sind die meisten Fische nicht«, sagt sie und führt die Kindergartengruppe zu

einem Aquarium, in dem ein grau-orangefarbener Fisch mit dicken Lippen und merkwürdigen Strippen an den Flossen schwimmt.

»Weiß jemand, wie der Fisch heißt?«, fragt Anne. Lasse weiß es. Denn er kann schon gut lesen, und auf der Tafel steht, dass dieser Strippenfisch ein Knurrhahn ist.

»Der Name hört sich gar nicht nach Fisch an«, sagt Ole.

Anne gibt ihm recht. »Aber knurren kann er wirklich. Vor allem, wenn er sich bedroht fühlt.«

Anne erklärt, dass Wissenschaftler seit vielen Jahren die Sprache der Fische erforschen und interessante Dinge herausgefunden haben. »Heringe zum Beispiel geben komische Pupsgeräusche ab«, sagt sie. »Damit verständigen sie sich auch bei Dunkelheit und bleiben zusammen im Schwarm oder warnen einander vor Gefahren.«

Pupsende Fische, das finden Lasse und Ole natürlich ganz besonders lustig und lachen sich beinahe scheckig!

»Und welche Meeresbewohner gefallen euch am besten?«, fragt Anne. Die Mädchen würden gerne zu den Seepferdchen gehen, die Jungs wollen unbedingt zu den Haien. Und immer geht es um die Sprache der Tiere.

»Haie haben so gute Ohren, dass sie ihre Beute über eine große Entfernung hören können«, erklärt Anne. Außerdem erfahren die Kinder, dass Haie einen besonders gut entwickelten Geschmackssinn haben. »Haie können das Blut anderer Fische aus dem Meerwasser herausschmecken. So jagen sie verletzten Tieren hinterher.«

Das gefällt vor allem den Jungs. Ole stellt sich hinter Leni und tippt ihr auf die Schulter. Kaum hat Leni sich umgedreht, fletscht er seine Zähne, als wäre er ein Hai auf Beutezug. Leni erschrickt und beginnt zu weinen.

Als die Führung beendet ist, gibt es für alle Kinder eine kleine Überraschung.

Ein getrocknetes Seepferdchen, einen Haifischzahn, der zwar nicht echt ist, aber sehr echt aussieht. Oder Haarspangen, auf denen ein kleiner Meeresbewohner sitzt. Leider hat Sarah die letzte schöne Seestern-Spange genommen, die auch Anne trägt. Marte ist erst ein wenig traurig, findet dann aber in der Schale eine Spange mit einer kleinen silberfarbenen Sprotte. Und diese Spange gefällt ihr fast noch besser!

Als Sarah und Marte im Zug nebeneinander sitzen, spielen sie mit ihren Haarspangen. Die Sprotte spielt Seestern und der Seestern spielt Sprotte. Die beiden Tiere schwimmen gerade durch die Weiten eines ausgedachten Meeres, als Marte ihrer Freundin zuflüstert: »Weißt du überhaupt, dass unter meinem Bett eine Glasvase steht, in der eine Sprotte schwimmt?«

»Eine Sprotte unter deinem Bett?«, wiederholt Sarah erstaunt. Ob das stimmt? Na ja, bei Marte ist alles möglich. Also fragt sie: »Und warum hast du den Fisch da hingestellt?«

Marte lacht. »Das ist doch klar«, antwortet sie. »Wenn ich nicht einschlafen kann, unterhalte ich mich mit meiner Sprotte. Und sie versteht mich wirklich gut. Wenn es spät wird, sagt das Fischlein: Marte, wenn du jetzt nicht schläfst, dann bist du morgen ganz müde, und deine Eltern finden vielleicht heraus, dass du die ganze Nacht mit mir geredet hast!«

Feuer im Wasser

Schon früh am Morgen brennt die Sonne auf die Dächer der kleinen Hafenstadt. Die Menschen gehen langsam durch die Straßen. Nur einem Mädchen, das gerade den Matrosenweg entlangläuft, scheint die Hitze nichts auszumachen. Ja, das ist Marte, die Tochter des letzten Fischräuchermeisters der Stadt! Sie zieht ihren Vater, dem der Schweiß über die Stirn läuft, durch die schmale Gasse.

Papa erinnert Marte daran, dass sie an diesem heißen Tag viel trinken muss. »Sonst vertrocknest du wie eine Qualle am Strand«, behauptet er.

Marte stellt sich vor, wie es wäre, eine Qualle zu sein. Aber diese Vorstellung gefällt ihr gar nicht.

»Wenn ihr auf den Spielplatz geht«, sagt Papa, »bleib am besten im Schatten. Nicht dass du einen Sonnenbrand bekommst.« Marte kann gar nicht verstehen, warum sich Papa so viele Sorgen macht. Mama hat sie doch gut mit Sonnencreme eingeschmiert.

Papa lässt nicht locker. »Dich hat doch gerade erst eine Feuerqualle erwischt«, sagt er. »Das hat dir so wehgetan, dass wir den Kindergeburtstag verschieben mussten.«

Marte kann sich gut daran erinnern. Ein Sonnenbrand, behauptet Papa, sei zehnmal schlimmer als das Brennen, das die Feuerqualle verursacht hat. Manchmal kann er einem richtig Angst machen. Marte weiß es aber besser: Das Feuer der Qualle ist zehnmal heißer als das der Sonne. Das hat jedenfalls Mama gesagt, nachdem sie mal von einer Feuerqualle gestreift worden ist.

Als sie beim Kindergarten ankommen, treffen sie die völlig verschwitzte Frau Lorenzen. »Heute werden wir uns auf jeden Fall im Meer abkühlen«, stöhnt sie.

Papa schaut Marte wieder nachdenklich an. »Nach dem Baden schmierst du dich wieder mit Sonnencreme ein«, sagt er. »Versprochen?«

Marte verspricht es ihm. Sie möchte auf keinen Fall noch die Geschichte von ihrer Tante hören, die als Kind zu lange in der Sonne lag und jetzt eine schlimme Hautkrankheit hat.

Der Stuhlkreis beginnt, und an diesem Montag erzählen die Kinder alle sehr ähnliche Geschichten.

»Wir waren am Strand«, sagt Ole.

»Wir waren auch am Strand«, sagt Sarah. Fast alle Kinder waren am Wochenende am Strand. Gibt es denn etwas

Besseres, als im Sommer an den Strand zu gehen, wenn man schon am Meer wohnt? Für Marte schon.

»Wir sind auf dem Fischkutter meines Onkels übers Meer geschippert«, beginnt sie ihre Geschichte, und ein paar der Kinder sind erstaunt, dass ausgerechnet Marte etwas so Gewöhnliches erzählt.

»Raus aufs Meer? Wie langweilig«, sagt Ole. »Das machen wir fast jedes Wochenende. Also, ich bin froh, dass wir bei der Hitze nur an den Strand gehen.«

Niemand will Martes Kuttergeschichte zu Ende hören, aber dann klatscht Frau Lorenzen kräftig in die Hände, so dass Ruhe ist im Raum der Seesterngruppe.

»Draußen auf dem Meer«, flüstert Marte nun geheimnisvoll, »habe ich plötzlich rund um unseren Kutter lauter Feuerpunkte gesehen. Das müsst ihr euch mal vorstellen. Mitten im Wasser hat es schrecklich gebrannt!« Diese Wendung in Martes Geschichte erschreckt vor allem die kleineren Kinder.

»Feuer im Wasser?«, ruft Ole. »Das glaube ich nicht. Wasser löscht doch Feuer. Wo Wasser ist, brennt nichts.«

Marte lächelt. »Wo Wasser ist, kann es sehr wohl brennen. Die Feuerquallen, die wir gesehen haben, waren groß

und gefährlich. Und wenn wir ins Wasser gegangen wären und die Viecher hätten uns mit ihren langen Feuerfäden erwischt, dann wäre unsere Haut ganz schlimm verbrannt worden. Denn das Feuer der Qualle ist zehnmal stärker als das Feuer der Sonne!«

Die dreijährige Leni beginnt zu weinen. Das ist ihr einfach zu viel Feuer.

»Ich habe jetzt auch keine Lust mehr, an den Strand zu gehen«, sagt Sarah. »Da gibt es zu viel Sonnenfeuer und zu viele Feuerquallen. Nein danke!«

O nein, Marte will auf keinen Fall, dass der Ausflug zum Strand ausfällt, also erfindet sie schnell eine stinkende Sonnencreme, die auch Feuerquallen fernhält. Doch weder Leni noch Sarah wollen ihr glauben.

Jetzt mischt sich Frau Lorenzen ein und stellt eine gelbe Plastikflasche auf den Tisch. »Die Creme, die hier in der Flasche ist, soll tatsächlich vor Sonnenbrand und vor Feuerquallen schützen. Die werden wir heute mal ausprobieren.« Frau Lorenzen holt ein Buch, in dem alle Meeresbewohner abgebildet sind. Dann erklärt sie, wie eine Feuerqualle die Haut überhaupt zum Brennen bringt.

»Seht ihr die rötlichen Fäden unterhalb der Qualle?«, fragt Frau Lorenzen.

Die Fäden sind unheimlich lang.

»Darin sind kleine Giftkapseln versteckt, die aufplatzen, wenn wir in Berührung mit den Tentakeln kommen.«

»Was sind denn Tentakeln?«, fragt Ole.

»Na, die roten Fäden halt«, ruft Lasse.

Ole nickt und murmelt vor sich hin: »Immer gibt es so viele Wörter für dieselben Sachen.«

»Das Gift dringt in unsere Haut ein«, sagt Frau Lorenzen. »Die Haut brennt und juckt dann. Aber wenn wir diese

Creme auftragen, rutschen die Tentakel der Qualle gleich wieder ab, und das Gift kann nicht in unsere Haut eindringen.«

Jetzt ist Ole beeindruckt. »Diese Creme soll Mama auch kaufen«, sagt er.

Noch nie ist das Eincremen so schnell und widerspruchslos über die Bühne gegangen. Die Kinder können gar nicht genug bekommen von dem Sonnen- und Quallenschutz. Selbst wer schon daheim eingecremt wurde, verlangt nun eine zweite Schicht von dem Wunderzeug. Als sie schließlich aufbrechen, sehen die Kinder aus, als hätten sie sich für einen Auftritt im Theater geschminkt oder würden zu einer Gespensterparty gehen. So weiß sind ihre Gesichter.

Als sie den Strand erreicht haben, ermahnt Frau Lorenzen die Kinder noch einmal, nicht zu weit raus zu gehen. »Hier vorne ist das Wasser schön flach«, sagt sie.

»Ich kann aber schon schwimmen«, murrt Lasse. Doch auch er muss sich fügen, denn die Gruppe soll zusammenbleiben.

Er rennt ins Wasser, aber hier im knietiefen Bereich ist ihm schnell langweilig. Am liebsten würde er weiter hinauslaufen, wo man richtig schwimmen kann.

»Stell dir vor«, warnt Ole seinen Freund, »dort draußen, wo das Meer tief und dunkel ist, berührt dich eine Feuerqualle an der Fußsohle. Das würde fürchterlich brennen, weil du dort nicht eingecremt bist. Dann kannst du bestimmt nicht mehr zurückschwimmen und gehst vielleicht unter.«

Jetzt ist auch Lasse überzeugt.

Später ruft Frau Lorenzen die Kinder zum Mittagessen am Strand zusammen.

»Jetzt gibt es Feuerquallensalat«, sagt Marte, und Sarah schaut sie erschrocken an. »Dann muss ich die Creme ja auch in den Mund schmieren, damit ich mich nicht verbrenne! Igitt!« Doch Sarahs Sorge ist unbegründet, denn natürlich gibt es keinen Feuerquallensalat zum Mittagessen. Frau Lorenzen reicht jedem Kind eine Papiertüte mit einem Becher Joghurt, einem Apfel und einer Minipackung Kekse.

Während die Kinder essen, erzählt Frau Lorenzen, dass Feuerquallen in manchen Ländern tatsächlich gegessen werden. In China zum Beispiel. »Allerdings ohne die giftigen Tentakel!«

Sarah will von Marte wissen, ob sie denn schon mal Qualle gegessen habe. »Klar«, sagt Marte, »aber so richtig gut schmeckt das Glibberzeug nicht.«

Nach dem Essen spielen die Kinder wieder am Wasser. Die einen bauen eine große Sandburg. Die anderen sind auf Quallensuche. Als Lasse endlich eine durchsichtige Qualle am Ufer entdeckt, stellen sich alle Kinder um das Tier, das merkwürdig verschrumpelt aussieht.

»Wisst ihr, woraus Quallen bestehen?«, fragt Frau Lorenzen.

»Wackelpudding!«, ruft Marte. »Ist doch klar!« Die anderen Kinder lachen.

»So falsch ist das nicht«, erklärt die Erzieherin. »Denn sowohl ein Wackelpudding als auch eine Qualle besteht vor allem aus Wasser. Und wenn eine Qualle lange hier auf dem heißen Sand liegt, dann verdunstet das Wasser, und die Qualle löst sich auf.«

Marte flüstert Leni ins Ohr: »Auch wir Menschen bestehen vor allem aus Wasser. Und wenn wir nicht genug trinken, sehen wir aus wie diese ausgetrocknete Qualle.« Das hätte Marte besser nicht sagen sollen. Denn die Vorstellung, wie eine tote Qualle im Sand zu liegen, macht der Kleinen große Angst. Sie zittert, und dicke Tränen laufen ihr über die Wangen. »Ich bin doch keine Qualle!«, beschwert sie sich.

Der Nachmittag am Strand vergeht sehr schnell. Marte wird von Mama abgeholt, die sich wundert, wie schwer der Rucksack ihrer Tochter ist. »Was ist denn da drin?«, fragt sie erstaunt.

»Ooch, nur harmlose Quallen«, antwortet Marte. »Die stecke ich daheim in den Mixer, und dann kann Papa daraus Quallensaft machen.« Mama schüttelt ein bisschen angewidert den Kopf, aber Marte sagt: »Die Dinger bestehen doch vor allem aus Wasser. Also kann man sie auch trinken, oder etwa nicht?« Mama lacht und schaut nicht nach, was wirklich in dem Rucksack versteckt ist.

Daheim ist das Geschrei groß. Denn Marte hat tatsächlich viele Quallen mitgebracht. Einen pürierten Glibbersaft als Gutenachtgetränk gibt es aber trotzdem nicht ...

Die Farbe des Meeres

Vom Meer her nähern sich dunkelgraue Wolken der kleinen Hafenstadt. Blitze sind in der Ferne zu sehen. Bald wird es gewittern. Die Menschen eilen durch die Straßen. Nur ein kleines, blondes Mädchen lässt sich Zeit und beobachtet das Farbenspiel am Himmel. Ja, das ist Marte, die Tochter des letzten Fischräuchermeisters der Stadt! Ihr Vater ist heute krank. Deswegen wird Marte von ihrer Mutter zum Kindergarten gebracht.

»Wenn wir weiter so trödeln, werden wir noch nass«, sagt Mama und knöpft ihr schwarzes Jackett zu. »Außerdem muss ich gleich ins Büro.«

Marte ärgert sich, dass Mama immer so wenig Zeit hat. Mit Papa hätte sie jetzt bestimmt über die Wolken reden können. Hoffentlich wird Papa bald wieder gesund.

»Ich mag die rosaroten Wolken am liebsten«, sagt sie.

Mama entgegnet nur: »Jetzt beeil dich bitte!«

Als sie vor dem Kindergarten stehen, hält Mama plötzlich an. »Weißt du was?«, sagt sie. »Wenn du Lust hast, machen wir im Herbst eine Flugreise. Dann kannst du dir die Wolken mal aus nächster Nähe ansehen. Du bist ja noch

nie geflogen!« Marte ist begeistert. Sie möchte schon lange mal in ein Flugzeug steigen.

Lasse und Ole sind schon um die halbe Welt geflogen.
»Juppi!«, sagt Marte. »Du bist die beste Mami, die ich
kenne!«

»Wohin werden wir denn fliegen?«, will Marte wissen,
als sich Mama verabschiedet.

»Darüber habe ich mir noch keine Gedanken gemacht«,
gibt Mama zu. »Ein paar Wochen vor deiner Geburt woll-
ten Papa und ich ans Rote Meer fliegen. Diese Reise muss-

ten wir leider absagen, weil es mir nicht so gut ging. Vielleicht holen wir diesen Flug jetzt nach.«

Ans Rote Meer?

»Toll«, sagt Marte und stellt sich ein Meer vor, das knatschrot ist.

An diesem Gewittermorgen ist der Stuhlkreis sehr klein. Ole und Leni sind nicht im Kindergarten, weil sie krank sind. Beide haben Scharlach. Als Mama davon gehört hat, ist sie hektisch durch den Garderobenraum gelaufen, als würde bei ihr auch gleich eine schlimme Krankheit ausbrechen. Marte hat schon dreimal Scharlach gehabt. Das war für Mama sehr anstrengend. Sie konnte nicht ins Büro gehen. Papa hätte sich gerne um Marte gekümmert, aber er musste ja die angelieferten Fische räuchern. Sonst wären sie vergammelt.

»Was ist überhaupt Scharlach?«, will Lasse wissen, der so gut wie nie krank ist. Mit Scharlach musste er sich jedenfalls noch nicht herumplagen.

»Wenn du Scharlach hast, bekommst du rote Punkte auf der Haut, und deine Zunge sieht bald so rot aus wie das Rote Meer«, erklärt Marte. Lasse glaubt ihr kein Wort.

»Meerwasser ist doch blau und nicht rot«, sagt er.

Jetzt schaltet sich Frau Lorenzen ein. Sie geht mit den Kindern zum Fenster im Garderobenraum. Von dort aus kann man den Hafen und das Meer sehen.

Wobei man jetzt gar nichts mehr sieht. So düster ist es draußen. Es stürmt und regnet. Dann lässt ein Blitz und wenig später ein Donnergrollen die Kinder zusammenfahren.

»Welche Farbe hat denn jetzt das Meer?«, fragt Frau Lorenzen und versucht, die Kinder abzulenken.

»Das Wasser ist schwarz!«, ruft Marte. »Vielleicht besteht der Gewitterregen aus schwarzer Wasserfarbe.« Lasse schüttelt den Kopf, und auch Frau Lorenzen lacht. Aber Marte findet ihre Farbentheorie sehr einleuchtend. »Wenn das Meer grün ist, dann hat es zuvor grünen Regen gegeben«, erklärt sie.

Frau Lorenzen holt ein Glas Wasser. »Welche Farbe hat das Wasser?«, fragt sie.

»Gar keine«, antwortet Lasse prompt.

»Richtig«, sagt Frau Lorenzen. »Und jetzt passt mal auf!« Die Erzieherin streut etwas Blumenerde in das Glas, worauf sich das Wasser sofort eintrübt. »Die Farbe des Meeres«, erklärt sie, »hängt von den vielen Dingen ab, die im Wasser sind.«

Marte lächelt. Es stimmt also. Wenn sich das Meer verfärbt, dann hat sich darin grüne, blaue oder schwarze Wasserfarbe aufgelöst, die mit dem Regen aus dem Himmel kommt. Ja, so ist das! Frau Lorenzen meint allerdings, dass das Meer von Algen grün eingefärbt wird.

»Gibt es auch rote Algen?«, fragt Marte.

»Ja«, bestätigt Frau Lorenzen, »und zwar im Roten Meer.« Daraufhin erzählt Marte, dass sie im Herbst vielleicht dorthin fliegen wird. »Dann bade ich so lange in dem roten Wasser, bis meine Haare rot sind«, sagt sie. »Das wird lustig!« Frau Lorenzen lacht. Zu Martes Plan sagt sie aber nichts.

Lasse macht eine Handbewegung, als wäre alles, was sie hier im Kindergarten besprechen, nur Pipifax. Er beschäftigt sich mit Fragen, die so leicht niemand beantworten kann. »Gibt es überhaupt ein Meer, in dem gar nichts schwimmt? Und wenn ja, ist dieses Meer durchsichtig?«

Frau Lorenzen weiß das auch nicht so genau. Also schlägt sie vor, zum Computer zu gehen und mal nachzuschauen.

Oles Vater hat dem Kindergarten einen Computer geschenkt, weil er sich einen neuen gekauft hat. Der Computer funktioniert noch tadellos, und nun kann Frau Lorenzen im Internet nach der Antwort suchen.

»Was ist das Internet?«, fragt Leni, und das weiß Lasse natürlich.

»Im Internet findet man alles«, sagt er. »Fast alles jedenfalls.«

Leni schaut zu, wie Frau Lorenzen mit ihren Fingern auf die Tasten tippt.

»Können wir im Internet nach Zottel suchen?«, fragt Leni. Ihr Kuscheltier hat sie nämlich beim letzten Zoobesuch verloren.

»Jetzt suchen wir erst mal nach der Farbe des Meeres«, antwortet Frau Lorenzen.

Alle Kinder starren nun auf den Bildschirm. Bald finden sie die Seite des Meeresmuseums. Und hier gibt es auch eine Antwort: »Reines Meerwasser sieht blau aus.« Das findet Marte großartig. Blau ist schließlich ihre Lieblingsfarbe. Aber das will jetzt niemand hören, denn alle Kinder kennen Martes Lieblingsfarbe.

Frau Lorenzen liest weiter vor, was im Internet über

blaues Meerwasser geschrieben steht. Die Kinder erfahren, dass die blaue Farbe des Meeres durch das Licht verursacht wird, das auf das Wasser fällt. »Das Sonnenlicht ist aus verschiedenen Farben zusammengesetzt«, sagt Frau Lorenzen. »Wir kennen diese Farben zum Beispiel vom Regenbogen.«

Marte überlegt, warum reines Wasser nicht bunt aussieht, wenn die Farbe vom sauberen Meer doch durch das Sonnenlicht verursacht wird, in dem angeblich alle Farben des Regenbogens enthalten sind.

Bald wird es den Kindern langweilig. Leni will nicht länger über die Farbe des Meeres sprechen, sondern vom Regenbogen erzählen, den sie am Wochenende gesehen hat. Lasse beschwert sich, weil er immer noch nicht kapiert hat, warum reines Meerwasser ausgerechnet blau sein soll.

Während Frau Lorenzen den langen Text im Internet liest, entwickelt Marte ihre eigenen Vorstellungen: »Der Himmel ist doch auch blau. Sauberes Wasser glitzert ganz doll im Sonnenlicht. Also ist das Meer wie ein Spiegel und sieht damit genauso blau aus wie der Himmel.«

Das gefällt Sarah. Das Meer ist ein Spiegel!

Für Marte ist damit die Frage nach den Farben des Meeres geklärt. »Komm, Sarah, wir gehen in die Puppenecke!«

Lasse bleibt beim Computer. Er will wissen, ob es stimmt, was Marte gesagt hat.

»Nicht ganz«, antwortet Frau Lorenzen nach einer Weile. »Sauberes Meerwasser hat eine besondere Eigenschaft, nämlich alle Farben bis auf eine zu verschlucken. Nur die blaue Farbe bleibt übrig. Wir denken also, dass das saubere Meer blau ist. Unabhängig davon, welche Farbe der Himmel hat.«

So genau hat Lasse das nicht verstanden, aber er geht zur Puppenecke und sagt: »Du hast keine Ahnung, Marte! Sauberes Meerwasser sieht blau aus, weil alle anderen Farben vom Wasser verschluckt werden.«

Marte nickt, als habe sie das schon immer gewusst. Nach einer Weile sagt sie: »Malen wir heute noch mit Wasserfarben? Dann verschlucke ich alle Farben und werde am Ende ganz blau!«

Das gefällt Sarah. Sie möchte auch Farben verschlucken.

Marte wird von Mama abgeholt. »Wollen wir noch ein wenig durch die Stadt laufen?«, fragt Mama. »Bei dem Gewitter konntet ihr heute gar nicht rausgehen.«

Marte ist einverstanden. »Kaufst du mir einen Lolli? Einen in Regenbogenfarben?«, bittet sie.

»Du magst Lollis doch gar nicht«, entgegnet Mama. Aber Marte will den Lolli gar nicht lutschen. Sie will ihn daheim in sauberem Wasser auflösen und nachschauen, wie sich das Wasser verfärbt. Ob es blau oder vielleicht bunt wird. Das verrät sie aber nicht. Sonst bekommt sie bestimmt keinen Lolli ...

Das Salz im Meer

Ein kräftiger Wind fegt durch die Straßen der kleinen Hafenstadt. Einem alten Seemann fliegt die Kapitänsmütze vom Kopf. Der Mann flucht und rennt seiner Mütze hinterher. Ein kleines Mädchen steht im Wind und freut sich. Ja, das ist Marte, die Tochter des letzten Fischräuchermeisters der Stadt! Sie kann sich heute sogar gegen den Wind lehnen, so stark bläst er.

»Sei vorsichtig!«, warnt Papa. »Es gibt auch Windböen, die dich umreißen können.« Das weiß Marte natürlich. Einmal war sie am Strand, als es so heftig gestürmt hat, dass sie keinen Meter mehr vorwärts kam.

»Welche Windstärke haben wir?«, fragt Marte.

Papa überlegt kurz und sagt dann: »Mindestens sechs. Wahrscheinlich sogar sieben.« Das macht Marte nicht weiter nervös. Sie ist schon bei Windstärke zehn draußen gewesen!

Marte läuft den Strandweg entlang, aber als sie das Meer sieht, ist sie ein wenig enttäuscht. »Die Wellen sind ja ganz flach«, sagt sie. Dabei ist die Brandung fast doppelt so hoch wie sie, denn der Wind hier am Strand bläst noch viel stärker als zwischen den Häusern.

Marte breitet ihre Arme aus und hat das Gefühl, fliegen zu können.

»Komm, wir müssen weiter!«, sagt Papa.

Marte fährt sich mit der Zunge über die Lippen, als hätte sie gerade Schokoladenkuchen gegessen. Ihre Lippen sind ganz salzig. »Lecker!«, ruft sie. »Das Meer schmeckt wunderbar.« Das kann Papa nur bestätigen. Er streicht seiner Tochter über die zerzausten Haare und ist stolz auf sie.

Heute sind alle Kinder fast zur gleichen Zeit in den Garderobenraum hineingeweht worden. Auf Martes Platz sitzt Ole, der aber sofort zur Seite geschubst wird.

»Marte!«, geht Papa dazwischen. »Du kannst ihn doch auch mal höflich fragen, ob er Platz macht.«

Ole grinst. Und Marte sagt: »Gestern hat Ole mich weggeschubst!«

Frau Lorenzen nimmt die beiden an die Hand und führt sie in den Seestern-Raum. Und noch bevor der Stuhlkreis beginnt, erinnert die Erzieherin daran, dass die älteren Kinder am Nachmittag die benachbarte Grundschule besuchen dürfen. »Wenn der Wind nicht zunimmt. Wir wollen ja nicht weggeweht werden.«

Leni beginnt zu weinen. Sie möchte auch gerne mitgehen. »Da bekommt man eine große Schultüte mit ganz vielen Süßigkeiten!«, schnieft Leni.

Frau Lorenzen nimmt Leni in den Arm und tröstet sie.

Marte erklärt, sie wolle keine einzige Süßigkeit in ihrer Schultüte haben. »Ich liebe salzige Dinge! Der Süßkram ist doch nur für Babys.«

Jetzt weint Leni noch heftiger. »Bin kein Baby«, sagt sie trotzig.

»Wenn das Geschrei so weitergeht, müssen wir den Stuhlkreis ausfallen lassen«, ruft Frau Lorenzen, und plötzlich sind alle Kinder still. Auch Leni weint nicht mehr. Die Frage aber, ob nun Süßes oder Salziges besser schmeckt, beschäftigt die Kinder weiter. Ole berichtet von einer riesigen Schokoladentorte zum Geburtstag des großen Bruders. Leni schwärmt von Bonbons, die sie von ihrer Tante geschenkt bekommen hat und die im Mund zu knistern beginnen.

Lasse und Marte sind sich einig, dass die leckersten Dinge salzig sind. Lasse hat am Wochenende drei Bratwürste gegessen! Marte behauptet, sie habe sich von salzigem Wind ernährt. »Ich stelle mich an den Strand, mache meinen Mund auf, und schon fliegt das leckere Meersalz in meine Futterluke!«

Futterluke? Dieses Wort hat Leni noch nie gehört.

Sarah kann sich nicht entscheiden. Süß oder salzig? Das ist ihr irgendwie egal.

Ole meint, von salziger Luft werde er nicht satt. Wenn es nach ihm ginge, müsste das Meer auch nicht salzig sein. »Stellt euch vor, das Wasser würde nach Eis oder Pudding schmecken. Das würde mir gefallen. Vielleicht sollten wir

Zucker ins Meer schütten, dann wird die Meerbrühe vielleicht etwas leckerer.«

»Du kannst so viel Zucker ins Meer schütten, wie du willst«, erwidert Marte. »Das Meer bleibt immer gleich salzig. So groß wie es ist.« Ole glaubt ihr kein Wort.

»Wenn ich genügend Zucker hätte«, behauptet er, »dann könnte ich dem Meer einen anderen Geschmack geben.«

Marte überlegt eine Weile, wie sie Ole beweisen kann, dass es vollkommen unmöglich ist, so viel Zucker herbeizuschaffen. »Wie würdest du denn den Zucker zum Meer bringen?«

Ole meint, das sei gar kein Problem. »Ich bekomme jeden Tag ganz viel Süßkram«, sagt er. »Den werfe ich einfach ins Meer. Du wirst schon sehen, bald ist das Meer eher süß als salzig!«

Marte lacht etwas abschätzig. »Mit den drei Bonbons und einem Lolli und fünf Gummibärchen?«, ruft sie. »Damit wird noch nicht mal das Wasser in einer Badewanne süß!«

Frau Lorenzen versucht, den Streit zu schlichten. Sie erzählt, dass jedes Meer einen anderen Salzgehalt hat: »Die Nordsee zum Beispiel ist salziger als die Ostsee.«

»Warum?«, will Lasse wissen, und Frau Lorenzen sagt, dass in die Ostsee mehr Flüsse mit Süßwasser fließen als in die Nordsee. »Salzwasser und Süßwasser vermischen sich dann, so dass der Salzgehalt in der Ostsee niedriger ist«, erklärt sie.

»Dann habe ich doch recht«, triumphiert Ole. »Man muss nur genug Zucker ins Meer kippen, damit es den salzigen Geschmack verliert.«

»Wie süß ist denn das Süßwasser?«, erkundigt sich Lasse. Frau Lorenzen sagt, dass in dem Süßwasser der Flüsse garantiert keine Lollis und Bonbons aufgelöst sind. »Man nennt Wasser, das so gut wie kein Salz enthält, Süßwasser. Aber so süß wie Limonade ist es nicht.«

Lasse ist mit dieser Antwort nicht zufrieden. »Süßwasser, das nicht süß ist, sollte man anders nennen«, sagt er.

Auch beim Mittagessen geht die Diskussion um Süßes und Salziges weiter.

»Lecker Salzsuppe!«, ruft Marte.

»Frau Lorenzen, kann ich bitte etwas Zucker haben?«, fragt Ole.

»Wofür denn das?«, fragt die Erzieherin.

»Die Suppe ist zu salzig. Ich würde sie gerne etwas

nachsüßen.« Aber Oles Wunsch wird nicht erfüllt. Er muss auf den Nachtisch warten.

Zum Dessert gibt es Obstsalat, den Marte am liebsten mit einer Prise Salz verfeinern würde. Was sie allerdings nicht darf. »Zu viel Salz ist ungesund«, erklärt Frau Lorenzen. »Wir sind ja keine Fische, die in ihren Kiemen das Meerwasser entsalzen können!«

Marte schaut Frau Lorenzen herausfordernd an. Dann sagt sie: »Ich liebe das Meer. Ich liebe Salz. Vielleicht bin ich doch ein Fisch!«

Weil der Sturm nachgelassen hat, findet am Nachmittag der Besuch in der Grundschule statt. Der Weg ist nicht weit. Die Schule liegt auf dem Nachbargelände.

Im Klassenraum nennen alle Kinder ihre Namen, und als Marte sich vorstellt, sagt sie gleich: »Ich sehe zwar aus wie ein Mensch, aber ich bin ein Fisch.« Die Schulkinder lachen. Die Kindergartenkinder hingegen verziehen ihre Gesichter. Sie kennen ja Martes Späße.

Die Lehrerin geht zu einem Kühlschrank und holt eine Tüte, in die ein großer Fisch eingewickelt ist. »Das ist ein Dorsch«, sagt sie.

Frau Lorenzen bittet die Lehrerin, die Kiemen zu zeigen. Lasse schaut genau hin, als die Lehrerin die Backe des Dorsches aufklappt.

»Mit den Kiemen können Fische im Wasser atmen«, erklärt die Lehrerin. »Und weil der Dorsch im Meer lebt, müssen die Kiemen auch Salzwasser in Trinkwasser verwandeln. Sonst würde das Tier verdursten.«

»Marte, zeig doch mal deine Kiemen!«, ruft Ole durch den Klassenraum. Aber das verunsichert Marte keineswegs. Sie bläst ihre ohnehin schon vollen Backen auf und sieht nun aus wie ein Kugelfisch. Alle Kinder lachen. Nur Sarah scheint sich nicht zu amüsieren. Etwas blass ist sie. Wird sie krank?

Ich freue mich auf die Schule, denkt Marte. Die wird genauso lustig wie der Kindergarten.

Schuppenshampoo

Was ist bloß heute los in der sonst so beschaulichen Hafenstadt? Autos mit voll beladenen Anhängern fahren durch die Gassen. Auf den Gehwegen drängen sich Menschen mit großen Taschen. In dem Gewimmel steht auch ein kleines, blondes Mädchen, das an diesem Morgen gar nicht in den Kindergarten gehen möchte. Ja, das ist Marte, die Tochter des letzten Fischräuchermeisters der Stadt!

»Am Wochenende wurde das Hafenfest eröffnet«, sagt Papa. Marte fragt sich, warum sie bei der Eröffnung nicht dabei gewesen sind. Wie im letzten Jahr!

»Da bin ich zum ersten Mal mit dir auf die große Schiffschaukel gegangen. Stimmt doch, oder?« Papa nickt und verspricht, dass sie morgen zum Hafenfest gehen werden.

»Erst morgen?«, jammert Marte. Sie möchte noch heute auf die Schiffschaukel! Am liebsten sofort.

Papa lässt aber nicht mit sich handeln. »Jetzt bringe ich dich in den Kindergarten«, sagt er. »Vielleicht macht eure Seesterngruppe ja auch einen kleinen Ausflug zum Hafenfest. Wie im letzten Jahr!«

Daran kann sich Marte ganz genau erinnern. Sie durften nur auf das Baby-Karussell und nicht auf die tolle Schiffschaukel. Ach, der Kindergarten ist ja soooo langweilig!

Frau Lorenzen begrüßt Marte mit einem Lächeln, das Marte nicht erwidert.

»Was ist denn los?«, will die Erzieherin wissen.

»Nichts, nichts«, grummelt Marte und nimmt die kleine Leni an die Hand. Beide gehen zum Basteltisch. »Komm, wir bauen aus Papier einen Hafen«, schlägt Marte vor. »Ich schneide kleine Fischbrötchenbuden und eine Schiffschaukel aus. Dann machen wir selber ein Hafenfest hier im Kindergarten.«

Leni ist wie immer einverstanden, auch wenn sie nicht so genau weiß, was Marte bastelt. »Tolle Piffpaukel!«, ruft die Kleine.

Als Ole hinzukommt und neugierig beobachtet, was die beiden tun, fragt ihn Marte: »Willst du uns helfen, die Piffpaukel aufzubauen?«

Ole weiß zwar nicht, was eine Piffpaukel ist, aber das würde er niemals zugeben. Die beiden Mädchen kichern.

Als der Stuhlkreis beginnt, erzählt Frau Lorenzen, dass Sarah im Krankenhaus ist und in der nächsten Zeit erst mal nicht in den Kindergarten kommt.

»Was hat sie denn?«, fragt Marte erschrocken. Doch die Ärzte wissen nicht recht, warum Sarah so krank ist. »Wir können ihr ja ein Bild malen oder was Tolles für sie basteln«, schlägt Marte vor.

Alle Kinder sind einverstanden.

Nun ist Leni dran. Sie erzählt zwar nicht, was sie am Wochenende erlebt hat, so wie die anderen Kinder es sonst tun, aber das ist ihr egal. »Ich habe eine Piffpaukel gebastelt«, sagt sie stolz.

Ole starrt Lasse fragend an. Er kennt Piff, den Zauberdrachen. Vielleicht ist diese Piffpaukel irgendein Spielzeug des Drachen?

Marte erzählt erst einmal, dass mit der Piffpaukel die große Schiffschaukel gemeint ist, die beim Sommerfest im Hafen aufgebaut wird. »Leni hat nur ein paar Buchstaben durcheinandergebracht.«

Kaum hat Marte das gesagt, beschwert sich Leni. »Hab ich gar nicht!«, plärrt sie und verlässt den Stuhlkreis. Nur mühsam kann Frau Lorenzen Leni zurückrufen.

Nachdem sich Leni wieder hingesetzt hat, erzählt Marte, dass ihr Vater so viel mit Fischen zu tun hat, dass seine Haut bald genauso aussieht wie die von einem Fisch. »So richtig schuppig«, sagt Marte. Woraufhin Ole sie unterbricht: »Wenn dein Vater Schuppen wie ein Fisch hat, dann habe ich Federn und kann fliegen.«

Marte lässt sich nicht beirren. »Pass mal auf«, sagt sie. »Mein Papa muss nur den Kopf ein wenig schütteln, und schon liegen die Schuppen auf dem Boden.«

Leni kichert wieder. »Ich möchte auch Fuppen haben«, sagt sie.

»Besser nicht«, flüstert Lasse ihr zu. »Die können fürchterlich jucken!« Er weiß natürlich, dass die Menschenschuppen nichts mit Fischschuppen zu tun haben.

Marte berichtet von einem Schuppenshampoo, das ihr Vater gekauft hat. »Damit werden die Schuppen, ähm, Fuppen aus den Haaren gewaschen!« Die Kinder lachen.

»Wisst ihr denn überhaupt, warum Fische Schuppen haben?«, fragt Frau Lorenzen in die Runde. So genau weiß das keines der Kinder.

Frau Lorenzen vergleicht das Schuppenkleid eines Fisches mit den Ziegeln eines Hausdaches. »Nur dass die

Dachziegel unbeweglich sind. Fische können ihre Schuppen bewegen. Fischschuppen schützen die Tiere vor Angriffen anderer Meeresbewohner.«

Ole stellt sich vor, wie ein Fisch einen anderen in den Bauch beißt und dann das Maul voller Schuppen hat.

Frau Lorenzen erklärt den Kindern, dass sich Fische auch deshalb so gut im Wasser fortbewegen können, weil sie Schuppen haben. Da meldet sich Marte wieder. Sie beschwert sich, weil sie ihre Stuhlkreisgeschichte doch noch gar nicht fertig erzählt hat. Marte will nämlich allen weismachen, dass ihr Vater das Schuppenshampoo, mit dem er seine Haare wäscht, auch zum Entschuppen der Fische benutzt.

Ole ruft entsetzt dazwischen: »Jetzt weiß ich endlich, warum die Fische von deinem Vater so komisch schmecken!«

Und Leni ergänzt: »Bah, Piffe esse ich nicht!«

Lasse flüstert Ole ins Ohr: »Du darfst nicht alles glauben, was Marte erzählt. Nur die Hälfte! Zum Entschuppen der Fische nimmt man doch kein Schuppenshampoo.« Marte lächelt.

Frau Lorenzen muss Ole beruhigen. »Warum will Marte uns immer reinlegen?«, schimpft er. »Das ist doch gemein!«

Leni sieht das alles etwas lockerer. Für sie heißen die Schuppen, egal ob sie auf dem Kopf von Martes Papa oder auf der Haut eines Fisches sind, weiterhin Fuppen. Und ob man die mit einem Fampoo entfernen kann oder nicht, ist ihr ziemlich egal.

Weil es zum Mittagessen Fischstäbchen gibt, reden die Kinder natürlich wieder über die Schuppen. »Hat der Piff jetzt noch Fuppen oder nicht?«, fragt Lasse mit einem Grinsen im Gesicht. Die meisten Kinder lachen, aber Ole droht, alles wieder auszuspucken, wenn jetzt noch länger über Schuppen oder Fuppen gesprochen wird.

Frau Lorenzen bittet: »Esst doch erst einmal in Ruhe fertig.« Was den Kindern wirklich schwerfällt. Vor allem Leni. »Piffe mag ich nicht«, wiederholt sie ständig, stopft sich aber trotzdem die Fischstäbchen in den Mund.

Bald beginnen die Kinder, andere Wörter zu erfinden. Dabei ändern sie immer nur zwei, drei Buchstaben. Schokolade wird Fokopade. Lasse versucht, Wörter zu finden, die sich reimen: Ball und Knall zum Beispiel. Oder Puppe und Suppe.

Frau Lorenzen schaut aus dem Fenster. »Das Wetter ist in Ordnung. Wir gehen jetzt mal an die frische Luft! Dann können wir auch beim Hafenfest vorbeischauen.«

Die Kinder der Seesterngruppe rennen in die Garderobe, ziehen sich schnell an. »Hinaus zum Hafenplatz!«, ruft Frau Lorenzen. Leider haben die Verkaufsstände ausgerechnet jetzt nicht geöffnet, und auch die Schiffschaukel steht still. »Mittagspause!«, sagt der Hafenmeister. Und alle Kinder sind enttäuscht. Nur ein Mann, der Fischbrötchen verkauft, wartet auf Kundschaft.

Lasse ruft: »Sagen Sie mal, entschuppen Sie Ihre Fische auch mit Schuppenshampoo?« Der Verkäufer lacht.

Die Kinder gehen zum Spielplatz, der direkt am Strand liegt. Sie rutschen und schaukeln. Sie durchwühlen den Strand und bauen eine Burg. Das Hafenfest ist schnell vergessen. Frau Lorenzen setzt sich in den Sand, seufzt einmal und sagt: »Wie schön ist es doch, hier am Meer zu leben!«

Als Mama am Nachmittag kommt und fragt, wie der Tag im Kindergarten gewesen ist, strahlt Marte.

»Papa hat mir gesagt, du findest den Kindergarten plötzlich langweilig«, sagt Mama. Aber Marte schüttelt den Kopf.

»Nö, nö«, sagt sie. »Wir hatten viel Spaß mit Fuppen und Piffen.« Mama lächelt. Sie scheint in Gedanken ganz woanders zu sein. Denn sie fragt gar nicht, was Marte mit den Fuppen und Piffen gemeint hat. Dann bleibt das eben ihr Geheimnis!

Seemannsgarn

Die Fenster der Fischerhäuser am Hafen werden mit Brettern vernagelt. Vor den Hauseingängen liegen Sandsäcke. Die kleine Hafenstadt erwartet eine Sturmflut. Die Menschen schauen mit Sorge auf die Wellen, die über die Kaimauer schlagen. Nur ein blondes Mädchen freut sich auf die große Flut. Es ist Marte, die Tochter des letzten Fischräuchermeisters der Stadt!

Mit Sturmfluten kennt sich Marte aus. Im vergangenen Herbst mussten viele Bewohner der Stadt sogar ihre Häuser verlassen. Marte durfte bei ihrer Oma übernachten. Das war ein tolles Abenteuer.

Auch vor dem Kindergarten liegen Sandsäcke. Als Marte ankommt, wird gerade ein Teil des Spielzeugs in einen Lastwagen getragen. Frau Lorenzen meint, das sei eine Vorsichtsmaßnahme. »Morgen findet der Kindergarten in der Sporthalle des Turnvereins statt«, erklärt sie den Kindern. »Die Halle ist weit entfernt vom Meer.«

Papa ist froh, dass der Kindergarten ein Ausweichquartier gefunden hat.

»Und womit spielen wir heute?«, fragt Marte. »Die

Puppen sind ja auch schon in den Lastwagen verladen worden.«

Frau Lorenzen sagt, dass heute ein Fischer zu Besuch kommt, um den Kindern ein paar Geschichten über das Meer zu erzählen. Das interessiert Marte aber gar nicht. Geschichten erzählen? Das kann sie selber. Und ihr Onkel Lars ist auch Fischer. Der hat aber nur wenig zu berichten.

»Heute habe ich Scholle gefangen«, nuschelt Marte vor sich hin. »Gestern habe ich Dorsch gefangen. Wie langweilig!«

Frau Lorenzen hätte vor Aufregung beinahe den Stuhlkreis vergessen. So kurz vor der Sturmflut gibt es viel zu erledigen. Aber Marte muss unbedingt etwas erzählen, und als sie endlich an der Reihe ist, beschreibt sie in schillernden Farben eine Meerjungfrau. »Wisst ihr, wo ich sie gesehen habe?«, fragt Marte. Lasse winkt ab. Geschichten von Meerjungfrauen interessieren ihn nicht. Er weiß, dass es Nixen und solche Zauberwesen nicht gibt.

Martes Mama liest ihr ständig Geschichten von Meerjungfrauen vor. Die Meerjungfrau, von der Marte nun erzählt, ist eine ganz besondere Mischung aus Fisch und Mensch. Sie spricht nämlich eine Sprache, die Menschen normalerweise nicht verstehen. Ein kluges Mädchen kann sich allerdings – daran lässt Marte keinen Zweifel – mit einer Meerjungfrau in Zeichensprache unterhalten. Und so erzählt sie von einer Meerjungfrau, die sie beim letzten Ausflug mit dem Boot ihres Onkels auf der großen Sandbank gesehen hat – und die seit vielen Jahren auf ihren Wasserprinzen wartet.

»So ist das auch in meinem Buch!«, ruft Leni beeindruckt. Was Lasse natürlich auch nicht überzeugt.

»Du glaubst ja sogar an den Weihnachtsmann«, sagt er. »Den gibt es aber auch nicht.«

Leni starrt Lasse an, als habe er etwas vollkommen Unmögliches gesagt. »Den Weihnachtsmann gibt's wohl!«,

entgegnet sie. Als Lasse erzählt, sein Papa habe sich im vergangenen Jahr als Weihnachtsmann verkleidet und ihm die Geschenke gebracht, ruft Leni wütend: »Du bist ein gemeiner Lügner!«

Beinahe hätte Marte gesagt: »Den Weihnachtsmann gibt's nicht, aber die Meerjungfrau schon!« Doch das kann sie sich gerade noch verkneifen. Sie will ihre kleine Freundin ja nicht noch mehr aufregen. Und so sagt sie etwas, das vor allem Frau Lorenzen erstaunt: »Wenn der Weihnachtsmann oder die Meerjungfrau in meinem Kopf sind, und wenn ich ganz genau weiß, wie sie aussehen und was sie tun, dann gibt es sie auch!«

In diesem Moment klopft es an der Tür. Marte kennt den Mann, der hereinkommt. Es ist Heinrich Petersen, der alte Fischer. Onkel Lars ist mit ihm befreundet. Manchmal gehen die beiden abends in die alte Seefahrerkneipe am Hafen, um dort Bier und Schnaps zu trinken. Das hat jedenfalls Papa erzählt. Jetzt ist Marte mal gespannt, was dieser Herr Petersen erzählen wird. Hoffentlich nichts von Schollen, die er geangelt hat ...

Heinrich Petersen setzt sich in die Mitte des Stuhlkreises und ruft mit tiefer Stimme: »Moin, Moin!« Mit seinem blauen Fischerhemd und dem weißen Rauschebart sieht er aus wie der Seemann aus der Fernsehwerbung für die Fischstäbchen. Die Kinder antworten mit einem kräftigen »Moin, Moin!«.

Dann beginnt Herr Petersen zu erzählen. »Vor vielen Jahren, als es so gestürmt hat wie heute, war ich so unvernünftig und bin mit meinem Boot hinausgefahren auf das wilde Meer. Die Wellen klatschten gegen das Schiff, und beinahe wäre ich von Bord gerissen worden.«

Leni klammert sich an Frau Lorenzen, die dem Seemann einen strengen Blick zuwirft. »Nur nicht übertreiben«, sagt sie.

»Plötzlich war alles still um mich herum«, fährt Herr Petersen fort. »Und aus dem Wasser tauchten zwei Riesenkraken auf.« Lasse und Ole sind begeistert. Geschichten von gefährlichen Stürmen und gruseligen Riesenkraken gefallen ihnen.

Fischer Petersen berichtet von einem Krakenmaul mit riesigen Zähnen und hervorstehenden Augen, die angeblich hellrot leuchteten. Leni legt die Hände auf ihre Ohren, damit sie bloß nichts mehr mitbekommt von der Geschichte. Marte ist ein wenig eifersüchtig, dass dieser Mann so gute Geschichten erzählen kann.

»Herr Petersen, haben Sie mit den Riesenkraken ge-kämpft?«, fragt Ole. Aber der Fischer schüttelt den Kopf. »Nein, das waren menschenfreundliche Tiere. Die haben das Boot mit ihren langen und starken Armen aus den Wellen gehoben und es durch die stürmische See zurück zum Hafen getragen.« Gebannt hören die Kinder zu, wie Herr Petersen erzählt, dass sich die Riesenkraken vor der Hafeneinfahrt verabschiedet haben und wieder in den Tiefen des Meeres verschwunden sind.

Lasse weiß nicht recht, was er von der Geschichte halten soll. Er hat zwar schon mal von Riesenkraken gehört, aber dass ein Ungeheuer seine acht Arme einsetzt, um ein Schiff

aus dem Sturm zu retten, hält er doch für ziemlich un-wahrscheinlich.

Herr Petersen erhebt sich und lacht. »Wisst ihr, wie man solche Geschichten nennt?«, fragt er.

Marte weiß es. »Seemannsgarn!«, ruft sie. Immer wenn sie daheim schöne Geschichten erzählt, sagt Papa, sie solle nicht so viel Seemannsgarn spinnen.

Der alte Fischer erklärt, wie das Seemannsgarn über-haupt zu seinem Namen gekommen ist. »Auf den alten Se-gelschiffen hat man früher noch vieles selbst gemacht. Was kaputtging, musste wieder repariert werden. Schö-nes Wetter zum Beispiel hat man genutzt, um alte Taue aufzudrehen. Aus dem Garn konnte man neue Seile dre-hen.« Weil es eine mühselige Arbeit war, haben sich die Matrosen dabei aufregende Geschichten erzählt. Von Un-geheuern auf dem Meer und großen Wellen. Bald hießen auch die Geschichten wie die Arbeit, bei der sie entstan-den sind, nämlich Seemannsgarn. »Und niemand weiß so genau«, sagt Fischer Petersen, »ob die Geschichten wahr sind oder doch nur erfunden.«

Marte klatscht und sagt, sie möchte eines Tages auch Matrosin werden, allein wegen der vielen Geschichten!

»Dann musst du aber auch die Kombüse aufräumen und das Schiffsdeck schrubben«, sagt Herr Petersen. »Wer nur Geschichten erzählen will, ist auf hoher See nicht sehr hilfreich.« Während Ole nachfragt, was eine Kombüse ist, denkt Marte darüber nach, ob sie wirklich zur See fahren will. Die Kombüse ist die Schiffsküche, und sie hat mal eine gesehen, in der sich dreckige Pfannen und Töpfe gestapelt haben.

Aufräumen und Putzen, das ist nicht ihr Ding. Frau Lorenzen schlägt vor, dass die Kinder nun selbst mal Seemannsgarn spinnen.

Marte will gleich beginnen. Aber Lasse sagt: »Du erzählst doch sowieso immer solche Geschichten.« Marte tut so, als wüsste sie nicht, was er meint. Doch Lasse erinnert sie an das Märchen von der Meerjungfrau, mit dem sie den Stuhlkreis begonnen hat.

»Das war kein Märchen«, behauptet Marte.

»Dann nenn es halt Seemannsgarn«, erwidert Lasse und grinst.

Als Ole eine blutige Piratengeschichte zu erzählen beginnt, in der ständig irgendwelche Ungeheuer auftauchen, die vom Kapitän mit einem langen Dolch vertrieben werden, verlassen Leni und Marte den Raum. »Wir gehen auf die Toilette«, sagen sie. In Wirklichkeit haben sie genug von bösen Meermonstern.

»Seemannsgarn spinnen will gelernt sein«, erklärt Fischer Petersen, als das Telefon klingelt.

Danach unterhalten sich Frau Lorenzen und Herr Petersen leise. Bald wissen auch die Kinder, dass die Sturmflut früher kommt als erwartet. Jetzt werden alle Eltern benachrichtigt, damit sie die Kinder so schnell wie möglich abholen. Leni gefällt das gar nicht. Marte verspricht ihrer kleinen Freundin, dass sie sich doch schon morgen wieder in der Halle des Turnvereins treffen.

»Dann haben wir viel Zeit, um das schönste Seemannsgarn zu spinnen«, sagt Marte. »Mit netten Riesenkraken und schönen Meerjungfrauen!« Jetzt freut sich auch Leni auf die Tage im Ausweichquartier.

Die Kraft des Mondes

Das Wasser steht hoch in den Gassen der Hafenstadt. Wo sonst Menschen zu ihren Häusern gehen, fahren jetzt kleine Boote. In einem sitzt Marte, die Tochter des letzten Fischräuchermeisters der Stadt. Auch sein Ladengeschäft und die Räucherei im Hinterhof sind vom Meer überflutet worden. Und von Martes Kindergarten am Hafen schaut nur noch das spitze Dach aus dem Wasser.

»Woher kommt bloß das ganze Wasser?«, fragt Marte, als sie durch den Matrosenweg schippern.

»Draußen vom Meer«, antwortet Papa. »Der Sturm hat die Flut verstärkt und das Hochwasser in die Bucht gedrückt. Das nennt man dann Sturmflut.« Papa versucht ihr zu erklären, was Ebbe und Flut ist. Er spricht von den Gezeiten des Meeres und der magnetischen Kraft des Mondes.

Marte unterbricht ihn: »Die Magnetgeschichte kenne ich schon. Ich dachte, es gibt noch eine andere Erklärung. Dass vielleicht auf der anderen Seite des Meeres zu viele Kinder ins Wasser gepinkelt haben oder so.« Marte und Papa lachen.

Papa steuert das Boot zu einem Deich, der das Hafen-viertel vom Rest der Stadt trennt. Endlich haben sie wieder festen Boden unter den Füßen. Als Marte und Papa auf dem Deich stehen, können sie gut sehen, wie sich das Meer in der Altstadt ausgebreitet hat. »Wir haben noch Glück«, sagt Papa. »Hier sind die Unterschiede zwischen Ebbe und Flut nicht ganz so stark. Denn die Ostsee ist im Vergleich zu den großen Meeren der Welt eher eine kleine Pfütze. Deshalb passiert an unseren Küsten nicht so viel.«

Marte schaut über die Stadt in die Ferne. Dieses Riesenmeer hier soll eine Pfütze sein?

»Wann können wir wieder in unsere Wohnung zurück?«, fragt Marte, als sie vom Deich hinabsteigen.

»Das Wasser geht schon zurück«, antwortet Papa. »Ich gehe davon aus, dass wir am Ende der Woche wieder zu Hause sind.«

Sie spazieren zum Kindergarten, der wie angekündigt in die Sporthalle des Turnvereins umgezogen ist. Die Halle liegt in einem trockenen Bereich der Stadt, ganz in der Nähe von Omas Wohnung, wo Marte, Papa und Mama jetzt wohnen. Als Marte und Papa zur Sporthalle kommen, sind die anderen Kinder schon da. Sie laufen durch die Halle und springen über Holzkisten, die Frau Lorenzen aufgebaut hat. Lasse hat einen Ball gefunden und schießt auf das Tor, in dem Ole steht. Der Ball geht vorbei. Am liebsten würde Marte gleich mitmachen, aber zunächst verabschiedet sie sich von Papa mit einem Kuss.

»Ich sehe schon«, sagt er, »das wird heute ein schöner Kindergartentag.«

Marte rennt zu Lasse und Ole. »Darf ich mitspielen?«, fragt sie.

»Triffst du überhaupt den Ball?«, entgegnet Ole ziemlich frech. Marte nimmt Anlauf und trifft den Ball so gut, dass er in die obere Ecke des Tores fliegt. Ole hat keine Chance, den Ball festzuhalten.

»Eins zu null für mich!«, jubelt Marte.

Jetzt ruft Frau Lorenzen alle Kinder zusammen. Denn auch in der Sporthalle findet der Stuhlkreis statt.

Die meisten Kinder wohnen im überfluteten Hafenviertel. Und so erzählen sie, wo sie während des Hochwassers untergebracht sind. Lasses Familie ist zu Freunden gezogen, Ole wohnt bei der Schwester seines Papas, die Tante Luzie heißt.

Als Marte an der Reihe ist, holt sie zwei Magnete aus ihren Taschen. Sie zeigt, wie sich die beiden Magnete an der einen Seite anziehen und an der anderen abstoßen. »Daheim habe ich einen Riesenmagnet, der nicht nur Eisen, sondern auch Wasser anziehen kann. Und damit habe ich das Meer ins Hafenviertel gezogen!«

Ole kann nicht glauben, was er eben gehört hat. So einen bösen Streich hätte er Marte gar nicht zugetraut. Lasse brüllt: »Und wie bekommst du das Wasser wieder raus aus der Stadt?« Marte lächelt. Auf diese Frage hat sie gewartet.

»Ich habe meinen Riesenmagnet einfach umgedreht. Mit der abstoßenden Seite in Richtung Meer. Ihr werdet schon sehen, bald ist das Wasser wieder aus dem Hafen-viertel verschwunden. Dann ist die Sturmflut vorbei, und wir haben eine Sturmebbe!«

Ole ist beeindruckt. Einen solchen Riesenmagnet möch-te er auch haben. »Den wünsche ich mir zu Weihnachten«, verkündet er. Lasse meint allerdings, einen Magnet, mit dem man das Meer steuern könne, gäbe es gar nicht. Und von einer Sturmebbe hat er auch noch nie gehört. »Marte spinnt mal wieder Seemannsgarn«, sagt er.

Frau Lorenzen schaut in die Runde. »Was stimmt an der Geschichte und was nicht?«, fragt sie. Marte zuckt mit den Schultern, als würde sie es selbst nicht so genau wissen.

Frau Lorenzen bittet Ole, auf einen Holzkasten zu klet-tern und dann auf den Boden zu springen. Na, das macht Ole doch gerne!

»Die Erde, auf der wir leben, hat eine starke Anziehungs-kraft«, erklärt Frau Lorenzen. »Wenn es die nicht gäbe, würden wir nicht von einem Holzkasten auf den Boden springen können, sondern durch die Luft schweben.« Marte stellt sich vor, wie lustig es wäre, wenn sie einfach so durch die Sporthalle fliegen könnte.

Die Kinder erfahren, dass auch vom Mond eine magnetische Anziehungskraft ausgeht und dass diese Kraft das Wasser auf der Erde anheben kann. »Auf den großen Meeren der Welt entsteht immer dort, wo der Mond gerade die Erde passiert, ein riesiger Wasserberg«, sagt Frau Lorenzen und nimmt zwei Bälle in die Hand, die Mond und Erde darstellen sollen. »Weil der Mond um die Erde kreist, zieht er den Wasserberg immer hinter sich her. Dort wo der Wasserberg auf Land trifft, gibt es Flut, und wenn der Mond weiterzieht, gibt es Ebbe. Aber wehe, der Wind frischt auf und drückt das Wasser an die Küste! Dann besteht die Gefahr einer Sturmflut. Von einer Sturmebbe habe ich aber auch noch nie gehört.«

Ole findet Frau Lorenzens Erklärung zu kompliziert. Ihm gefällt Martes Riesenmagnetgeschichte viel besser. Er schnappt sich den Mondball und schießt ihn ins leere Tor.

Beim Mittagessen, das auch in der Sporthalle stattfindet, fragt Lasse, ob der Mond auch das Wasser in seinem Glas anheben kann. Da Frau Lorenzen gerade damit beschäftigt ist, Ole eine zweite Portion Milchreis aufzugeben, antwortet Marte: »Das Wasser in dem Glas ist ja nur eine Minipfütze. Da sieht man den Unterschied zwischen Ebbe und Flut gar nicht.«

Lasse nickt. Er hat gehört, dass selbst die große Ostsee so klein ist, dass Ebbe und Flut kaum auffallen. Ob Marte das auch weiß? Die Tochter des letzten Fischräuchermeisters der Stadt weiß natürlich Bescheid. Hätte Ole sich ja denken können …

Am Nachmittag basteln die Kinder Laternen. Aus schwarzer Pappe schneiden sie Mond und Sterne aus. Marte will sich nicht an die sichelförmige Mondschablone halten. Für sie ist der schönste Mond ein Vollmond, und der ist kreisrund.

»Dein Mond sieht aus wie eine Sonne«, meckert Ole. Doch das stört Marte nicht.

»Mein Laternenmond wird viel heller als deiner leuchten«, sagt sie.

Jetzt wird das Transparentpapier hinter die ausgeschnittenen Monde und Sterne geklebt. Marte malt mit einem schwarzen Filzstift noch schnell einen Mund und eine Nase auf ihren Vollmond. Die beiden Magnete werden die Augen.

Natürlich wollen alle Kinder Magnetaugen für ihre Laternenmonde haben. Leider hat Frau Lorenzen keine vorrätig. Was Leni gar nicht einsehen mag. Sie stampft mit den Füßen auf den Boden und jammert: »Ich will einen richtigen Mond! Ich will auch einen Mond mit Magnetaugen!«

Nachdem sich Leni wieder beruhigt hat, hilft Frau Lorenzen den Kindern, die beklebten Bögen an runden Käseschachteln zu befestigen. »Das ist gar nicht so einfach«, meint sie, »aber zusammen schaffen wir das.«

Am Ende des Kindergartentages sind alle Laternen fertig. Lasses Vater verspricht, am nächsten Tag jedem Kind zwei Magnetaugen mitzubringen. Er ist Schlosser und hat in seinem Lager jede Menge kleiner Magnete, die nur darauf warten, an Mondlaternen angebracht zu werden.

Marte wird von Mama abgeholt. »Das ist ja eine schöne Laterne«, sagt sie.

Das findet Marte auch, und deshalb will sie ihre Laterne auch gleich heute Abend einweihen.

»Wir könnten auf dem Deich spazieren gehen«, schlägt Marte vor. »Dann sehen wir auch, ob der Mond das Wasser wieder aus dem Hafen rausgezogen hat!«

»Das ist eine gute Idee!«, sagt Mama. »Ich rufe gleich mal Papa an und frage ihn, ob er mitkommen möchte.«

Papa freut sich auch auf den Spaziergang. Er hat den ganzen Tag Wasser aus dem Keller der Räucherei gepumpt. Eine Abwechslung kommt ihm gerade recht.

Als sich Mama, Papa und Marte auf dem Deich treffen, dämmert es schon. Jetzt schalten sie die Laternenleuchte ein. »Wie schön!«, sagt Marte, und einen Moment lang haben auch Papa und Mama das Hochwasser vergessen.

Marte schwenkt die Laterne hin und her. »Wenn der Mond vergessen hat, das Wasser aus unserer Stadt zu ziehen, wird ihn jetzt mein Lichtsignal daran erinnern«, sagt sie.

Papa stellt fest, dass sich der Wind gedreht hat. Er atmet erleichtert auf. »Dieser Herbststurm ist zum Glück vorbei!«, seufzt er.

Zauberei mit Bernstein

Eine schneidende Kälte hat sich auf die kleine Hafenstadt gelegt. Eisschollen treiben über das Meer. Die Schiffe im Hafenbecken sind festgefroren. Die Menschen tragen dicke Jacken und sind froh, wenn sie nicht allzu lange draußen sein müssen.

Nur ein Mädchen springt umher und freut sich über den Winter, der nun schon seit Tagen anhält. Das ist Marte, die Tochter des letzten Fischräuchermeisters der Stadt! Sie ist auf dem Weg zum Kindergarten. Aber wo ist ihr Vater? Ach, da kommt er schlotternd um die Ecke gebogen ...

»Papa, wie oft muss ich noch schlafen, bis Weihnachten ist?«, fragt Marte.

»Viermal«, antwortet er. Marte denkt an den Zauberkasten, den sie sich zu Weihnachten wünscht. Sie hat Mama und Papa immer wieder gesagt, dass sie nur diesen einen Wunsch hat. Aber ob das reicht? Hätte sie vielleicht doch einen Wunschzettel zeichnen sollen? Lasse behauptet zwar, es gäbe keinen Weihnachtsmann, aber was ist, wenn sich Lasse irrt?

Während Marte noch über ihren Zauberkastenwunsch

nachdenkt, erkundigt sich Papa, was heute in ihrem Adventskalender gewesen ist. Marte zeigt ihm einen gelb-rötlichen Stein, in dem eine kleine Ameise eingeschlossen ist. Es ist ein Bernstein. Angeblich soll der Bernstein nur ein Halbedelstein sein, aber Marte findet, dass der Stein nicht nur halb, sondern ganz und gar edel aussieht.

Als sie vor dem Kindergarten stehen, sagt Papa: »Der Bernstein ist auch ein Zauberstein.« Er reibt den Stein an seinem Pullover, und dann gibt es einen kleinen Blitz. »Durch die Reibung hat sich der Bernstein elektrisch aufgeladen«, sagt Papa. Marte ist so begeistert, dass er ihr gleich noch einen Trick ins Ohr flüstert. Sie kann kaum glauben, was Papa erzählt ...

»Zaubern kann man auch ohne Zauberkasten!«, sagt er und erklärt ihr den Trick gleich noch einmal. Schritt für Schritt. Ob das klappt? Marte ist unsicher. Aber Papa wird schon recht haben. »Diesen Trick werde ich gleich im Kindergarten vorführen«, sagt sie. »Den Zauberkasten wünsche ich mir trotzdem!«

Beim Stuhlkreis erzählen die Kinder von ihren Weihnachtswünschen. Ole möchte ein echtes Schwert geschenkt bekommen, um Ritter spielen zu können. Lasse hat sich ein Mikroskop gewünscht, unter dem man auch die kleinsten Dinge erkennen kann. Und Marte berichtet von ihren Zauberkünsten, die sie mit Hilfe des Zauberkastens verbessern will.

»Du kannst echt zaubern?«, ruft Ole dazwischen. »Das glaube ich nicht. Du erzählst wieder nur eine Geschichte. Ja, das kannst du gut.«

Da holt Marte ihren Bernstein aus der Tasche. Sie hält ihn so in der Hand, dass man die kleine Ameise, die darin eingeschlossen ist, nicht sieht. Als die Kinder den Bernstein neugierig bewundern, spricht Marte ihren Zauberspruch:

»Hokuspokus, simsalabim!
Quallenschleim und Algenpest!
Das ist der letzte Zauberrest:
Der Stein ist nicht mehr rein!
Ein kleines Tier ist drin!«

Marte freut sich, dass sie den Zauberreim so schnell hinbekommen hat. Sie hatte nämlich ganz vergessen, sich

einen passenden Spruch auszudenken. Das hat ja gerade noch geklappt, denkt sie und zeigt den Kindern die kleine Ameise im Bernstein.

»Du bist ja wirklich eine Zauberin!«, sagt Leni, und auch Ole muss anerkennen, dass Marte nicht nur Geschichten erzählen, sondern auch zaubern kann.

Nur Lasse ist noch nicht ganz überzeugt. Er schaut sich den Bernstein eine Weile an und sagt schließlich: »Wenn du wirklich eine Zauberin bist, dann kannst du das kleine Tier auch wieder aus dem Stein herauszaubern!«

Marte weiß von ihrem Papa, dass die Ameise schon seit vielen tausend Jahren in dem Stein eingeschlossen ist. Sie wird das Tier garantiert nicht verschwinden lassen können.

»Wenn ich das mache, dann werde ich verflucht!«, behauptet Marte schnell. »Und dieser Fluch bedeutet, dass alle Kinder, die mich anschauen, bald auch in einem Bernstein sitzen wie diese Ameise!«

Leni erschrickt so sehr, dass sie sich die Augen zuhält. Sie möchte lieber nicht mehr an die Ameise im Bernstein denken.

Frau Lorenzen will die Zaubervorstellung beenden, als Marte darum bittet, einen zweiten Trick vorführen zu dürfen. »Der ist überhaupt nicht gefährlich. Und Leni wird sofort aufhören zu weinen«, verspricht sie. »Ich muss nur mal kurz in die Küche.« Frau Lorenzen ist zuerst nicht einverstanden, aber die Kinder wollen natürlich den Zaubertrick sehen.

Marte schiebt einen Hocker an das Regal in der Kindergartenküche. Sie nimmt zwei kleine Schälchen heraus und füllt sie mit Wasser. Dann sucht sie nach Salz. Sie kramt in den Schubladen, sucht in den Schränken und findet schließlich ein kleines Plastikeimerchen, in dem Salz zu sein scheint.

So einen großen Salzvorrat hat Marte noch nie gesehen. Aber er ist ja auch für einen ganzen Kindergarten. Marte schüttet drei Löffel Salz ins Wasser des einen Schälchens und rührt um. Nachdem sich das Salz aufgelöst hat und man keinen Unterschied zwischen den Flüssigkeiten in den beiden Schälchen feststellen kann, trägt Marte sie vorsichtig in den Raum der Seesterngruppe.

»Jetzt bin ich mal gespannt«, sagt Lasse.

Marte stellt die beiden Schälchen auf ihren Stuhl. Sie weiß genau, in welchem das Salz ist. Alle Kinder warten auf Martes Zauberspruch.

»Hokuspokus, simsalabim!
Quallenschleim und Algenpest!
Das ist der letzte Zauberrest:
Hier sollst du schwimmen, mein Stein.
Dort sollst du untertauchen!«

Marte gibt den Bernstein in das Glas mit dem reinen Wasser, und das Steinchen geht sofort unter. Und das soll Zauberei sein? Jetzt fischt Marte den Bernstein aus dem Schälchen und gibt ihn in das andere. Im Salzwasser schwimmt der Stein.

»Wie ist das bloß möglich?«, will Lasse wissen.

»Mach das noch mal«, fordert Ole.

Und Marte wiederholt den Trick. Dieses Mal allerdings ohne Zauberspruch.

Wieder geht der Bernstein im Leitungswasser unter, und im Salzwasser schwimmt er.

Leni klatscht in die Hände und ruft: «Du bist die beste Zauberin der Welt!» Lasse meint, es gäbe bestimmt eine Erklärung für den Trick. Ole schaut sich die beiden Schälchen genau an. Unterschiede kann er aber nicht feststellen. Ist Marte wirklich eine Zauberin? Allmählich wird sie ihm unheimlich.

Auch Frau Lorenzen fällt keine Erklärung ein. Sie bittet Marte, den Zaubertrick zu verraten. Aber das kommt für die kleine Bernsteinzauberin nicht in Frage. »Der Trick bleibt mein Geheimnis«, sagt sie und bringt die beiden Wasserschälchen zurück in die Küche. Schnell schüttet sie die Zauberflüssigkeiten in den Ausguss, damit bloß niemand herausbekommt, wie salzig das Wasser in dem einen Schälchen ist!

Als Marte wieder in die Seesterngruppe zurückkommt, sagt Lasse zu ihr: »Bernstein ist wirklich ein Zauberstein. Wenn mein kleiner Bruder brüllt, legt ihm meine Mama eine Bernsteinkette um den Hals, und dann hört das Geschrei auf!« Marte besitzt auch eine Bernsteinkette. Die liegt daheim in ihrem Schmuckkästchen. Aber gebrüllt hat sie als Baby bestimmt nicht ...

Am Nachmittag backen die Kinder Plätzchen. Nachdem der gelbliche Teig zusammengerührt und ausgerollt ist, stellt Frau Lorenzen eine Schachtel mit vielen Ausstechförmchen auf den Tisch. Sterne, Glocken, Herzen, Bärchen, Schaukelpferde und Tannenbäume sind dabei. Marte würde mit dem Teig lieber etwas anderes formen. Als die Kekse im Backofen sind, fragt Ole, was Marte denn für einen merkwürdigen Brocken aufs Blech gelegt habe.

»Ich backe mir Bernsteine«, sagt sie. Und tatsächlich sieht der Teigklumpen bald auch so aus.

»Kann man deinen Zaubertrick auch mit dem Bernsteinkeks machen?«, will Ole wissen.

»Auch das bleibt mein Geheimnis«, antwortet Marte.

Bevor die Kinder abgeholt werden, erzählt Frau Lorenzen, dass Sarah bald das Krankenhaus verlassen darf, aber dass sie noch einige Zeit zu Hause bleiben muss.

Marte freute sich sehr. »Das ist das schönste Weihnachtsgeschenk«, sagt sie. Und alle Kinder sind einer Meinung.

Kein Kuscheltier

Nach einem langen Winter ist endlich wieder der Frühling in die Hafenstadt eingekehrt. Die Bäume tragen ein hellgrünes Blätterkleid, und auf dem Markt werden frische Erdbeeren angeboten. Ein blondes Mädchen steht vor dem Obststand und wartet darauf, eine Beere probieren zu dürfen. Ja, das ist Marte, die Tochter des letzten Fischräuchermeisters der Stadt! Die Marktfrau reicht ihr eine Erdbeere. »Lecker, aber zu wenig«, meint die Kleine.

Ihre Mutter kauft drei kleine Schalen. Und Marte sagt: »Eine Schale für Papa, eine für Mama und eine für mich.«

Nachdem die Erdbeeren bezahlt sind, gehen Marte und Mama noch zur Blumenverkäuferin, die heute bunte Tulpensträuße im Angebot hat. Zum Schluss überraschen sie Papa, der zum ersten Mal einen Stand neben dem Rathaus aufgebaut hat. Marte blickt in die Auslage und bewundert die goldgelben Räucherfische.

»Ist jetzt nicht Kindergartenzeit?«, fragt Papa.

»Doch, doch«, antwortet Mama. »Aber Marte wollte unbedingt auf den Markt gehen und dich besuchen. Wir sind deshalb ein paar Minuten früher losgegangen, um diesen kleinen Umweg zu machen.«

Und Marte ergänzt: »Leider gab es heute nichts zum Frühstück, weil der Kühlschrank leer war. Ausgerechnet heute habe ich einen Riesenhunger! Da haben wir gedacht, wir kommen vorbei, und ich bekomme ein paar frische Erdbeeren und ... eine Handvoll Sprotten!«

Papa lacht, obwohl Marte gar keinen Witz erzählt hat. Sie hat wirklich Hunger, und auf das Sprottenfrühstück möchte sie auch nicht verzichten.

Papa sagt: »Das ist ja wie bei den Heulern!«

Marte denkt an den Besuch der Robbenstation am Wochenende. Dort hat sie gelernt, dass Seehunde eine Robbenart sind und die kleinen Robben Heuler heißen.

»Und Mama hat dir wirklich nichts zum Frühstück gemacht? Kein Müsli und kein Ei?«, fragt Papa.

Marte schaut zu Mama, die vielsagend mit den Achseln zuckt. Immerhin hat mich Mama nicht verraten, denkt Marte. Sie bekommt zwei Sprotten, und kaum hat Papa ihr die Fische gegeben, sind sie auch schon vertilgt.

»Du hast ja fast schon Appetit wie ein großer Seehund«, sagt Papa.

»Wie viele Fische fressen Seehunde am Tag?«, fragt sie. Der Leiter der Robbenstation hatte leider nur gesagt, dass die Tiere riesigen Hunger haben.

Papa legt einen großen Steinbutt auf die Waage, der anderthalb Kilo schwer ist. »Stell dir vor, eine große Robbe kann sicher fünfmal so viel verdrücken.«

Papa wickelt den Steinbutt in ein Papier und gibt ihn Marte, damit sie ein Gefühl dafür bekommt, wie schwer der Fisch ist.

Und davon kann ein Seehund fünf fressen? Marte ist beeindruckt.

»Ein Seehund ist eben kein Kuscheltier, sondern ein Raubtier«, erklärt Papa. »Das vergessen wir Menschen leicht, wenn wir seine großen Augen sehen.«

Nun müssen Mama und Marte aber aufbrechen, wenn sie nicht zu spät zum Kindergarten kommen wollen.

Sie eilen durch die Altstadt. Doch für Mama ist es gar nicht so leicht, über das Kopfsteinpflaster zu laufen. Denn heute trägt sie spitze, schmale Schuhe mit sehr hohen Absätzen. Und dann, ganz in der Nähe ihres Hauses, passiert das Missgeschick: Mama stolpert und stürzt. Als Marte sieht, dass Mama auf dem Boden liegt, schreit sie vor lau-

ter Schreck. Immerhin, Mama ist bis auf eine Schramme am rechten Knie zum Glück nichts passiert. Aber all die schönen Erdbeeren liegen auf dem Gehweg herum.

Mama und Marte sammeln die Beeren wieder auf. Einige sehen gar nicht mehr so schön und frisch aus wie auf dem Markt. »Da machen wir Marmelade draus«, sagt Mama.

Hätte ich sie doch bloß gleich alle gegessen, denkt Marte. Mama geht drei Schritte und hält wieder an. Ihr rechter Knöchel schmerzt. Hat sie sich beim Sturz doch verletzt? »Ich werde mir wohl besser andere Schuhe anziehen. Gut, dass wir hier um die Ecke wohnen!«, sagt Mama und schaut auf die Uhr. »Jetzt kommen wir garantiert zu spät!«

Marte schlägt wieder einmal vor, allein zum Kindergarten zu gehen. »Ich bin doch kein Heuler mehr!«, sagt sie.

»Wenn ich mich beeile, komme ich bestimmt rechtzeitig vor dem Stuhlkreis an!«

Mama zögert. Dann sagt sie: »Einverstanden. Aber auch wenn du den Weg kennst, passt du bitte gut auf den Verkehr auf! Und keine Umwege laufen. Und lass dich nicht ansprechen.« Mama bekommt noch einen schnellen Kuss, dann rennt Marte los.

Wie toll ist das denn, denkt Marte. Bald bin ich kein Kindergartenkind mehr, bald komme ich in die Schule, nein, ich bin kein Heuler mehr. Ich bin eine starke, große Robbe.

Sie läuft den Matrosenweg entlang, biegt dann ab in Richtung Strand – ja, sie kennt wirklich jeden Stein hier! Doch dann hält sie an. Was machen die vielen Menschen am Ufer? Was gibt es dort zu sehen? Soll sie auch mal schauen?

Warum nicht, denkt Marte. Das ist ja wirklich kein Umweg.

Marte läuft quer über den Strand, drängelt sich durch die Menschenansammlung hindurch und kann kaum glauben, was sie sieht: Vor ihr liegt ein Seehund! »Ist er tot?«, fragt Marte leise. Aber das Tier bewegt sich und gibt einen jaulenden Ton von sich.

Ein Mann sagt: »Der Heuler ist wohl nicht mehr zu retten. Ganz schwach und kränklich sieht er aus.«

Die Vorstellung, dass der Kleine hier am Strand sterben muss, macht Marte sehr traurig. Dann aber fasst sie einen Plan und rennt weiter.

Als Marte endlich im Kindergarten ankommt, sitzt Leni noch im Garderobenraum und wird gleich von zwei Elternteilen umsorgt. Marte erzählt sofort, dass sie heute ganz allein zum Kindergarten gelaufen sei. Den Seehund am Strand erwähnt sie erst einmal nicht.

Frau Lorenzen kommt in den Garderobenraum. »Gerade hat deine Mutter angerufen«, sagt sie. »Wir haben uns schon gefragt, wo du so lange gesteckt hast.«

Zu Beginn des Stuhlkreises wird Sarah willkommen geheißen. Fast ein halbes Jahr war sie nicht im Kindergarten. Etwas blass sieht sie noch aus, meint Marte. Aber jetzt trägt Sarah immerhin die richtigen Klamotten. Nicht mehr dieses dünne Kleidchen, sondern ordentliche Jeans und einen lustigen Pullover mit einem Grinsegesicht vorne drauf.

Sarah erzählt von ihrer geheimnisvollen Krankheit. »Das war was mit autoimmun«, sagt sie, und alle Kinder lachen.

»Eine Autokrankheit möchte ich auch mal haben«, ruft Leni in die Runde. »Dann huste ich nicht, sondern mache brumm-brumm.«

Wieder lachen die Kinder. Nur Marte bleibt ernst und fragt: »Hättest du sterben können?«

Sarah nickt. Marte denkt: Das ist wie bei der Robben-Aufzuchtstation. Manche Tiere schaffen es, andere nicht. Dann sagt sie: »Ich freue mich, dass du wieder da bist, Sarah!«

Die Kinder lassen Sarah hochleben. Es ist wie bei einem Geburtstag.

Der Stuhlkreis soll weitergehen, aber Lasse meint, bei dem Geschrei könne er keinen klaren Gedanken fassen. Auch Ole hat an diesem Morgen nicht viel zu erzählen.

Frau Lorenzen fragt, ob er wie die Erwachsenen unter Frühjahrsmüdigkeit zu leiden habe.

»Nee«, sagt Ole. »Eher unter Frühjahrslangeweile.«

Dann kommt Martes Auftritt. Sie ist weder müde noch gelangweilt. Anstatt etwas zu sagen, beginnt sie mit einem lauten Jaulen. Marte stellt sich in die Mitte des Stuhlkreises und jault so herzzerreißend, dass Frau Lorenzen besorgt fragt: »Was willst du uns denn damit sagen?«

Ole meint, Marte höre sich fast so an wie die Heulsuse
Leni, und kaum hat er das gesagt, beginnt Leni auch wieder zu heulen. »Ich bin keine Heulsuse«, schluchzt sie.

Nur Lasse ahnt, dass es Marte um etwas anderes geht.
»Das klingt eher wie ein Heuler«, sagt er.

Frau Lorenzen erklärt den Kindern erst einmal, dass
Seehundkinder, die ihre Mutter verloren haben, Heuler
heißen. Dann erzählt Marte von dem kleinen Seehund am
Strand, der so viele Schaulustige anzieht. Leni möchte die
Robbe auch sehen, und selbst der müde Ole ist neugierig
geworden. Lasse meint allerdings, die vielen Menschen

würden das Tier nur verwirren. Doch da ist Marte ganz anderer Meinung. Sie erzählt die Geschichte vom kranken Seehundbaby, das in der Robbenstation gepflegt und mit dem Fläschchen aufgezogen wurde und das sich mit den Menschen gut auskennt.

Nach dem Mittagessen gehen alle Kindergartenkinder zum Strand, um zu schauen, ob dort tatsächlich ein Seehund liegt. Lasse hält es für möglich, dass Marte wieder mal nur eine Geschichte erfunden hat, damit sie an den Strand gehen darf. Aber das ist ihm auch recht. Denn warum im Kindergarten bleiben, wenn das Wetter so schön ist!

Marte führt die Seestern-Kinder an die Stelle, wo sie am Morgen den Seehund gesehen hat. Aber wo ist er jetzt?

»Das kann doch nicht wahr sein!«, ruft Marte. Lasse grinst, und Leni ist so enttäuscht, dass sie schon wieder weint. Auch Ole weiß nicht recht, was er von der ganzen Geschichte halten soll.

Aber was ist denn da hinten los? Da stehen viele Leute. Vielleicht ist der Seehund ja einfach weitergewandert. Schnell laufen die Kinder hin. Glück gehabt! Der Seehund ist noch da. Inzwischen ist auch der Leiter der Robbenstation vor Ort. Marte hat ihn sofort erkannt. Zumindest seine blaue Mütze, auf deren Stirnseite ein kleines Seehundgesicht gedruckt ist.

»Ist der süß!«, ruft Leni. »Darf ich ihn streicheln?« Aber Marte hält sie fest.

»Ein Seehund ist kein Kuscheltier, sondern ein Raubtier«, sagt sie streng. »Hast du mal die scharfen Zähne gesehen?«

Leni bewegt sich nicht mehr von der Stelle. Von dem Seehund möchte sie nicht gebissen werden.

Der Leiter der Robbenstation erklärt, dass sich das Tier vermutlich zum Fellwechsel einen ruhigen Platz in der Sonne ausgesucht hat.

»Dieser Seehund ist zwar etwas zu früh dran, denn normalerweise geschieht der Fellwechsel erst im Juni oder Juli, aber wegen der ungewöhnlichen Wärme in diesem Frühjahr ist das Tier vielleicht etwas durcheinander!«

»Wie lange dauert denn ein solcher Fellwechsel?«, fragt eine Frau. Der Mann von der Robbenstation muss nicht lange überlegen.

»Das kommt darauf an, ob wir das Tier stören. Eigentlich sollte ein Fellwechsel nach ein paar Tagen abgeschlossen sein«, erklärt er. »Aber vielleicht ist der Seehund auch nur hier, weil er einem Fischschwarm gefolgt ist.«

Jetzt robbt der Seehund zum Wasser. »Wenn das Tier heute wieder in der Ostsee verschwindet«, sagt der Robbenexperte, »dann wissen wir, dass es hier nur einen Kurzurlaub eingelegt hat und schon bald wieder auf Fischjagd geht.« Marte erinnert sich daran, was ihr Vater über den großen Seehundhunger erzählt hat. Mit einem heiseren Bellen verabschiedet sich der Seehund und taucht ein ins Meer. Die Menschen warten am Wasser, aber das Tier zeigt sich nicht mehr.

»Tschüss, Robbi«, sagt Leni traurig. Aber sie schafft es, ausnahmsweise nicht zu weinen.

Sarah steht am Meer, als wolle sie gleich auch in die Fluten eintauchen.

»Jetzt aber los!«, ruft Frau Lorenzen. »Wir sind schon viel zu spät dran.« Die Kinder marschieren in Zweierreihen zum Kindergarten. Vor dem Eingang warten einige Eltern. Auch Martes Vater ist dabei. Er nimmt Marte in den Arm, und sie freut sich. Gut, dass sie sich nicht allein auf den Heimweg machen muss. Sie hat ja so viel zu erzählen, von dem Seehund am Strand und dem Mann von der Robbenstation. Wenn Papa nicht gekommen wäre, hätte sie sich diese Geschichten selbst erzählen müssen. Nein, wie langweilig! Aber das wird sie Papa besser nicht sagen. Nicht dass er denkt, sie wäre noch ein kleines Kind! Sie wird doch schon bald sechs Jahre alt und kommt in die Schule ...

© Hartmuth Schroeder

Carsten Otte, geboren 1972 in Bonn, studierte Philosophie und arbeitet heute als Literaturredakteur bei SWR2. Er hat vielbesprochene Romane und Sachbücher veröffentlicht, zuletzt einen Bestseller über kochende Männer im Campus Verlag. »Marte und das Meer« ist sein erstes Kinderbuch – es entstand im Rahmen eines Stipendiums im Schleswig-Holsteinischen Künstlerhaus Eckernförde. Carsten Otte lebt mit Frau und Kind in Baden-Baden.

Christine Brand, geboren 1954 im Erzgebirge, lernte nach durchträumter Schulzeit Industrienäherin, rettete sich ins Studium der Mode-Gestaltung (Diplom an der Kunsthochschule Berlin-Weißensee), unterrichtete an der Fachschule für angewandte Kunst in Schneeberg und ist seit 1988 als freie Illustratorin tätig. Sie lebt und arbeitet in Leipzig oder auf der Insel La Gomera.